Surmonter ses peurs

Hervé Magnin

Surmonter ses peurs

Enfin libre !

jouvence
EDITIONS

Extraits de la collection Maxi-Pratiques

Burn-out : le détecter et le prévenir, Catherine Vasey, 2007

La colère, cette émotion mal aimée, S. & C. Vidal-Graf, 2007

Quand l'animal s'en va…, Marina von Almen-Balmelli, 2007

Se libérer de la tyrannie des répétitions amoureuses, Yves-Alexandre Thalmann, 2007

Accédez à vos ressources, Francesca Giulia Mereu & Madeleine Rossi, 2007

Petit manifeste du plaisir au féminin, Eva Arkady, 2007

Un cœur en forme, Dr Franck Senninger, 2007

Naturopathie pratique, Daniel Kieffer, 2007

Apprenez à écouter, Christel Petitcollin, 2006

Préparer son accouchement, Sophie Gamelin-Lavois, 2006

L'ethnomédecine, Dr Jean-Pierre Willem, 2006

Comment bien se disputer en couple, S. & C. Vidal-Graf, 2005

Donner du sens à ses rêves, Jean-Dominique Larmet, 2003

Des pensées pour grandir, R. Poletti & B. Dobbs, 2004

CATALOGUE GRATUIT SUR SIMPLE DEMANDE
ÉDITIONS JOUVENCE
BP 90107 – 74161 Saint-Julien-en-Genevois Cedex
Suisse : CP 184 – 1233 Genève-Bernex
Internet : **www.editions-jouvence.com**
E-mail : info@editions-jouvence.com

ISBN 978-2-88353-676-0
Dessin de couverture : Jean Augagneur
Couverture : Dynamic 19, Thonon-les-Bains (France)
Composition : Nelly Irniger, Fillinges (74)

Sommaire

Introduction

AI-JE PEUR DE LA PAGE BLANCHE ? Si je me pose cette question et que je réponds trop vite, alors je réponds non. Si je prends vraiment le temps de considérer ma question, alors je sens émerger des profondeurs de mon être un message moins calme et moins affirmé aussi. Si j'écoute bien mon corps, je sens une légère tension en moi. Je ne transpire pas, mais j'ai un peu chaud quand même. Mon cœur ne bat pas la chamade, rien à voir apparemment avec des signes de tachycardie. Pourtant, si j'use de mes sens pour percevoir les battements de mon cœur, je constate que le flux n'est pas aussi lent et paisible que dans d'autres circonstances.

Je dois reconnaître que le démarrage de l'écriture d'un livre n'est pas un sujet qui me laisse totalement serein. Mon corps me le dit gentiment. Et, dans ma tête, que se passe-t-il ? J'écoute… Il semble que le doute ne m'envahit pas. Il ne prend pas une place démesurée dans mon champ de conscience. Pourtant il est là, je le sens. Sa présence n'est pas vraiment désagréable. Ai-je peur ?

Le seuil de conscience de la peur a ceci de commun avec le seuil de conscience des autres états de stress : il est aussi subjectif que subtil. Vu que l'intensité de ces états est extrêmement variable, le signal d'alarme n'est rarement perçu au même moment que lorsqu'il se déclenche.

Imaginez une sonnerie dont le volume serait réglable de façon à ce que le son augmente crescendo en partant de 0 décibel, à 1 décibel, puis 2 décibels, puis 3, 4, etc. À partir de quand, à partir de quel volume percevrez-vous la sonnerie ? À 15 ou 20 dB si vous avez l'ouïe fine et si vous êtes attentif(-ve), mais sûrement pas à 1 décibel…

Comme dans tout phénomène dit « critique », les signes avant-coureurs sont ignorés avant la phase aiguë de la crise. D'autant que nous avons tous autre chose à faire qu'à écouter nos émotions, n'est-ce pas ? Quoi de plus normal, surtout en Occident ? Pour plusieurs raisons, cette surdité, ce déni ne permet hélas pas de jouir des bienfaits de la prévention. Voilà en partie pourquoi la peur est souvent dramatisée car reconnue tardivement.

La peur est-elle un phénomène critique ? Suis-je en crise si j'ai peur ? Oui, si j'attends qu'elle m'envahisse et me tétanise. Non, si je sais la reconnaître à temps et désamorcer cette bombe à retardement. Alors…

Ai-je peur ? J'ai apparemment failli me défiler. C'est assez tentant de fuir ce genre de question. Pourquoi ? Pour au moins trois raisons majeures :

1 • la peur est une émotion méprisée socialement ;
2 • la peur est contagieuse ;
3 • la peur fait peur.

Alors mon premier courage est de vous dire, chère lectrice, cher lecteur, que j'ai peur d'écrire ce livre sur la peur. Cette peur fait-elle de moi un *trouillard* ? J'introduis là un premier paradoxe. Faut-il du courage pour reconnaître sa peur ? Notez au passage le terme « trouillard » que par provocation j'ai choisi moraliste. Mon choix a pour but d'attirer votre attention sur le fait qu'à peine moins en ce début de XXIe siècle que par le passé, avoir peur c'est mal. C'est du moins une représentation populaire très communément répandue.

Mon second courage est d'écrire ce livre et de prendre le risque qu'il ne vous plaise pas. Et mon boulot est de mettre en œuvre tous les moyens à ma disposition pour qu'il vous donne satisfaction. Je souhaite que votre lecture apporte de quoi améliorer votre rapport à cette émotion particulière qu'est la peur.

La peur se nourrit de l'ignorance. Mieux connaître les lois qui régissent la peur vous permettra au moins de ne plus avoir peur de vos peurs. Mais peut-on être plus ambitieux encore ?

Même pas peur ! Allez, je me mouille. Mon ambition dans cet écrit va effectivement jusqu'à vous aider à braver vos peurs et oser faire ce qu'elles vous ont empêché de faire jusqu'à aujourd'hui.

Gonflé, le mec ? manque pas d'air ! Pourquoi se dégonfler quand on respire à pleins poumons ? Prendre toute la mesure de la vie, ça fait rêver ? Dans l'absolu, est-ce possible ? Probablement pas, qu'importe… Mais vivre plus intensément, plus pleinement, plus heureux, qu'est-ce qui nous en empêche ?

Nos peurs !

Parce qu'il vous appartient de vous appartenir, vous avez entre vos mains l'outil d'un challenge que vous aurez à cœur de vous approprier. J'ai bien peur qu'il soit trop tard pour reculer. À moins que… ma peur soit infondée. Vous en jugerez si vous poursuivez votre lecture.

Allez, chiche !

1

Qu'est-ce que la peur?

COMME NOUS LE VERRONS À PLUSIEURS REPRISES, la peur repose souvent sur l'ignorance et le doute. Baigner dans l'indétermination concourt en effet à entretenir la peur. Ainsi, ne pas définir le monde qui nous entoure le rend plus ou moins inquiétant. Ne pas définir le monde qui nous constitue intérieurement est d'autant plus inquiétant qu'il est plus difficile à observer, bien que si proche. Trop proche, peut-être. La distanciation et la proximité sont pourtant assez complémentaires pour appréhender le réel. La peur est à la fois au-dedans de nous et en dehors. Observons doublement donc!

Définitions

Définir, c'est un peu délimiter. Souvent, quand on demande à quelqu'un de définir quelque chose (un objet, une personne, un ressenti, un concept...), la personne décrit ou donne des exemples. Se faisant, elle s'approche de ce qu'elle veut appréhender. Mais, pour définir, décrire ne suffit pas. Pour être plus complet, il faudrait pouvoir déterminer avec des mots les caractéristiques qui permettent de distinguer ce qui est de ce qui n'est pas.

Commençons par une définition générique que l'on étoffera par la suite.

Première définition qui a le mérite d'être simple : la peur est un état émotionnel stressant.

Mais la peur n'étant pas le seul état émotionnel stressant, il faut pouvoir la distinguer de la colère et de la tristesse par exemple. Comme ces deux derniers, la peur est un état dont on doit préciser la spécificité.

Pour que la peur soit éprouvée par un individu, il faut que l'individu en question perçoive un danger. Parfois ce danger est réel et objectif, parfois il est imaginé subjectivement.

La perception du danger éveille en nous une insécurité primitive. N'oublions pas que nous sommes nés fragiles et dépendants. Dès sa venue au monde – et très vraisemblablement avant – le nouveau-né dispose d'une gamme émotionnelle de base qui inclut la peur.

La peur est une émotion normale, banale et utile

On comprend bien en quoi un être vulnérable peut déclencher, par automatisme inné, un processus de mise à distance du danger. Ainsi le manque de nourriture est un danger mortel que l'enfant sait instinctivement prévenir par des cris. Sauf dans les cas de maltraitance et de défaut de soin, l'expression de la peur assure efficacement la survie de l'individu quand l'environnement joue son rôle protecteur.

C'est ce même instinct qui à tous les âges fait que nous nous reculons quand nous approchons trop près d'un précipice ou du bord d'un balcon. Inconsciemment, notre centre de gravité est mentalement décalé vers l'avant de sorte que nous reculons immédiatement sous l'effet du vertige.

Il est donc aussi salutaire que naturel de ressentir et d'exprimer une peur. La dimension instinctive dans la peur est ainsi très précoce dans l'histoire de chacun. La survenue et l'expression de cette émotion sont le fruit d'un besoin vital. Alors, bien que primitive, pourquoi ne pas donner une dimension noble à cette émotion puisqu'elle nous permet de fuir les dangers et ainsi nous préserver d'une atteinte grave à notre intégrité physique. Noble aussi est la peur puisqu'il n'y a pas de courage sans peur à braver.

Ce mécanisme ne fait l'objet d'aucun apprentissage. Les réflexes de la peur sont fournis dans le kit de survie que l'on nous offre à la naissance. Il n'y a que les modalités qui varient d'une espèce à l'autre mais le processus est identique. Un bébé antilope se lève et court au bout de quelques minutes à peine, alors qu'il faut environ un an à un bébé humain pour marcher maladroitement. La peur d'être dévoré par un lion n'est pas programmée dans le cerveau d'un petit d'homme. En revanche, même si certaines peurs sont inscrites dans nos gènes, il va bien y avoir au fil du temps des apprentissages dans lesquels la peur jouera un rôle majeur.

En résumé, la peur est à la base un mécanisme naturel et adaptatif de défense face à une situation qui menace l'intégrité de l'individu. Elle se manifeste par une sensation désagréable et un comportement d'évitement de la source du danger.

Les origines de la peur

Il y a plusieurs manières de se demander d'où provient la peur. Commençons par remonter loin, très loin.

• Un peu d'histoire, voire de préhistoire

Cro-Magnon, Neandertal et consort avaient-ils peur ? Comment la connaissance humaine pourrait-elle prétendre le savoir ? Même avec une très longue barbe blanche, le plus vieux des paléontologues n'était certes pas là pour le constater. On se doute cependant que les scientifiques ne se sont pas contentés d'imaginer, de supposer. La théorie de l'évolution des espèces repose en partie sur une connaissance approfondie de la structure des cerveaux de tout le règne animal. De ce savoir actuel, il n'est pas insensé de tirer des conclusions hautement vraisemblables sur l'existence de la peur il y a quelques millions d'années. Les neurosciences ont beaucoup à nous apprendre dans la compréhension du phénomène peur.

• Nos cerveaux et la peur

En tant qu'êtres humains, considérons que nous avons dans notre boîte crânienne non pas un cerveau mais trois.

Tous les animaux ne disposent pas de ces trois cerveaux, mais nous avons en commun le plus archaïque d'entre eux et ce n'est pas un hasard s'il a été nommé le cerveau reptilien. En effet, les grands reptiles du Jurassique possédaient déjà ce cerveau générateur d'émotions ayant un rôle primordial à jouer pour assurer la survie des individus et des espèces. Les dinosaures avaient parfois peur, il n'y a pas à en douter.

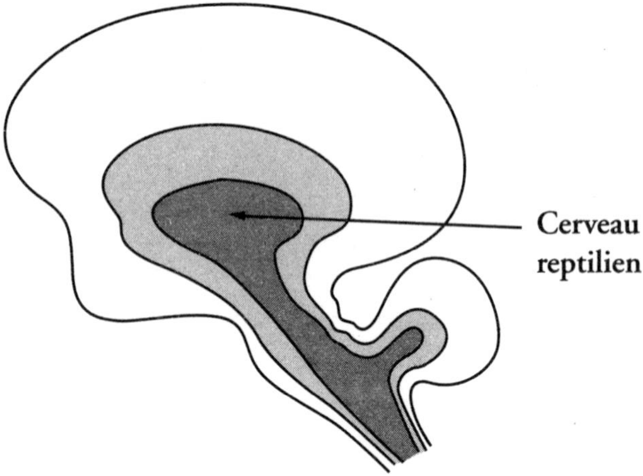

Il n'est pas besoin pourtant de remonter loin dans le temps pour constater que l'être humain n'a pas le monopole des émotions. Tous les animaux sont concernés.

Il y a schématiquement quatre grandes familles d'émotion. Avec la colère et la tristesse, la peur est l'une des trois familles d'émotions dites de stress. Ces trois gammes d'émotion, on les retrouve chez tous les individus de toutes les espèces animales. Elles ont chacune un support neurophysiologique spécifique, des circuits nerveux qui partent de ce cerveau primitif qu'on appelle le système reptilien. La quatrième famille d'émotion n'est pas associée au stress ; c'est la joie. Bien que de complexes mélanges d'émotions soient possibles, disons que la joie n'est pas très compatible avec la peur, la colère ou la tristesse. Revenons aux trois émotions de stress.

En situation de danger, le circuit dit de l'*Inhibition* engendre un comportement de soumission qui permet à un individu d'obtenir d'un congénère dominant qu'il cesse de l'agresser physiquement. L'individu inhibé préserve ainsi son intégrité corporelle au prix d'un positionnement social plus bas. Dans les combats au sein d'un groupe constitué, le système inhibiteur permet de réguler les liens hiérarchiques sans affecter la force du groupe en affaiblissant un membre par de graves blessures ou par la mise à mort. En revanche, face à un prédateur, cet état est fatalement inefficace. Quand nous sommes tristes, nous avons quelques signes (symptômes) de cet état d'Inhibition.

En général, avant de s'inhiber, un individu entre dans le combat et le perd. En situation d'adversité, le circuit dit de la *Lutte* engendre un comportement de dominance qui permet au plus fort de ne pas subir l'agression de ceux qu'il parvient à dominer. L'individu en Lutte préserve ainsi son intégrité corporelle s'il se montre le plus fort lors d'un combat. Quand nous sommes en colère, nous avons quelques signes (symptômes) de cet état de Lutte.

Chez les animaux, en dehors de l'acte de prédation, avant l'Inhibition il y a la Lutte. Quand la Lutte a échoué par manque de force ou de ruse, on s'inhibe par un rituel de soumission. De la même manière, la Lutte ne survient que lorsqu'un autre état a échoué. Cet état est la *Fuite*. L'attitude la plus spontanée chez un animal qui perçoit le danger est donc de prendre la fuite. Dès les premiers signes de menace, le circuit dit de la Fuite engendre un comportement d'évitement qui se caractérise par une hypervigilance et une course effrénée qui ne cesse que lorsque l'on se sent loin de la source du danger. L'individu en fuite préserve ainsi son intégrité corporelle au prix d'une course plus rapide que celle de son agresseur (congénère, prédateur, feu…). Nous y voilà : quand nous avons peur, nous avons quelques signes (symptômes) de cet état de Fuite.

Chez les animaux, il y a donc un ordre dans la succession des *états d'urgence de l'instinct*. Les EUI, c'est ainsi que le professeur Henri Laborit a nommé ces trois états qui constituent les réactions innées que nous avons spontanément face à une situation perçue comme dangereuse. La chronologie est donc la suivante : d'abord la peur. Si on ne fuit pas assez vite, il faudra combattre. Et si la colère ne nous rend pas assez fort, il faudra se soumettre et s'inhiber. Compte tenu du coût de la Lutte et de l'Inhibition, on comprend un peu pourquoi Laborit a fait « l'éloge de la fuite [1] » dans un de ses premiers ouvrages de vulgarisation sur la biologie du comportement. Pour autant, je me garderai bien de faire l'apologie de la peur. Elle mérite un regard beaucoup plus nuancé.

Les neurosciences ont démontré depuis une cinquantaine d'années déjà que nous avons en commun avec les autres espèces du règne animal ces vieux schémas réactifs dits états d'urgence de l'instinct. Cependant, les causes du stress humain varient de celles de nos amis les bêtes. Faut-il être plus bête ou

[1] *L'éloge de la fuite*, Henri Laborit, Éd. R. Laffont.

humain pour s'énerver quand on cherche en vain ses clefs de voiture ? De la Belle ou la Bête, qui s'inquiète le plus devant son miroir ? Les animaux ont-ils peur d'échouer à un examen ?

Certes nous n'avons pas la même vie ni les mêmes contraintes. Pourtant, à quelques nuances près, plusieurs générations d'éthologues ont constaté que les animaux ne sont stressés (en Fuite, en Lutte ou en Inhibition) que lorsque leur intégrité physique est mise en cause. Chez eux, pas de violence gratuite, pas de mélancolie métaphysique, pas de peur sans objet.

Il faut donc chercher des causes psychosociales dans l'émergence du stress humain.

• Les causes mentales de la peur

Avez-vous peur d'un tigre de papier ? Je suppose que non. Auriez-vous peur à quelques pas d'un tigre vivant, libre et affamé ? Si non, rendez-vous au chapitre sur les pathologies liées à la peur.

Le professeur Laborit avait qualifié de typiques les états d'urgence (stress) liés à une menace objective de l'intégrité. En revanche, être stressé parce que la voiture de devant ne va pas assez vite, cela relève d'un état d'urgence dit atypique. Les états de stress atypiques ont les mêmes manifestations que les états typiques. C'est juste la cause de déclenchement qui change. Avoir peur d'un tigre dessiné sur un bout de papier, cela revient à vivre un stress atypique. Ce type de stress mérite particulièrement notre attention parce que nous pourrions nous en passer avantageusement. D'autant que nous ne sommes pas souvent face à un vrai tigre qui veut nous faire la peau et l'exposer au pied de son lit pour avoir les pattes au chaud.

La plupart de nos peurs sont donc de celles que l'on peut classer dans la catégorie des stress atypiques. Cette phrase pourrait sonner comme une plate sentence théorique. Pourtant, elle est porteuse d'une richesse libératrice assez inouïe. Cela signifie que la quasi-totalité de nos peurs sont le fruit de notre imaginaire, fort doué pour dramatiser.

LA CARTE N'EST PAS LE TERRITOIRE

Beaucoup de philosophes, psychologues, sociologues... ont attiré notre attention sur la distinction, l'écart entre la réalité et ce qui la représente. Nous savons certes qu'une carte du monde n'est pas le monde. Pourtant, nous confondons souvent une représentation avec la réalité qu'elle est censée représenter.

L'être humain possède une faculté d'abstraction vraiment exceptionnelle dans le monde du vivant.

Bien que certains mammifères supérieurs possèdent aussi cette aptitude, ce n'est pas faire preuve de vanité « *humanophile* » que de dire que nous les surpassons largement, dauphins et chimpanzés compris.

Grâce au langage articulé, avec des symboles, nous sommes capables de manier des représentations. Ainsi, le mot « dauphin » est immédiatement relié à l'animal qu'il désigne. Par association, nous avons appris très jeunes à relier des mots, des images, des gestes (et autres signes) à ce qu'ils désignent. Grâce à ce rapprochement entre l'abstrait et le concret, nous sommes capables d'appréhender des réalités complexes. Pourtant…

• Nos cerveaux et la peur… deuxième couche

Par conditionnement, le fameux chien de Pavlov avait relié le son d'une cloche à la perspective d'un repas. En associant plusieurs fois le même stimulus à la même réponse, il est facile de conditionner un individu surtout s'il est jeune. Ainsi, en répétant à l'identique une association, les deux éléments se fondent au point de sembler indissociables. Au début du conditionnement, lors de la première sonnerie, le chien ne salive pas car il ne sait pas que dans les secondes qui suivent, on va lui apporter à manger. La deuxième sonnerie ne le fait pas saliver non plus malgré le fait qu'on lui apporte à nouveau à manger juste après que la cloche a retenti. Mais le chien va apprendre par la répétition. Au bout de quelques associations cloche + nourriture, il se met à saliver dès que la cloche sonne. La salivation devient alors systématique car reliée au son de la cloche.

Le lien de cause à effet est bien réel au début du conditionnement. Mais ce qui est plus étonnant c'est que si l'on est conditionné de très nombreuses fois (tous les jours pendant des années par exemple), alors l'automatisme fonctionne encore même si le lien cause/effet n'existe plus. Ce qui dans le cas du chien se manifeste par le fait qu'il continue de saliver si la cloche sonne bien qu'on ne lui apporte plus de nourriture. Voilà une autre manière de considérer les habitudes.

Le conditionnement n'est possible que parce que le cerveau est capable de mémoriser les associations. Le cerveau reptilien n'apprend pas ; tout ce qu'il nous permet est inscrit dans nos gènes depuis la naissance. C'est grâce au cerveau limbique que nous pouvons apprendre par associations simples. Le limbique est le cerveau des apprentissages conditionnés.

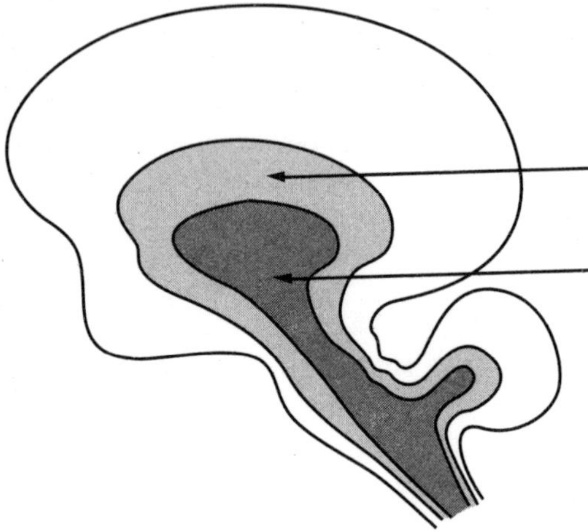

Le cerveau reptilien fait saliver instinctivement le chien à la vue et à l'odeur de la nourriture qu'on lui présente. Il n'y a aucune raison génétiquement programmée pour que le son d'une cloche obtienne le même effet.

Dans le conditionnement positif, l'individu obtient une gratification. Le plaisir ressenti au niveau reptilien envoie un message positif au cerveau limbique. Ce dernier enregistre la commande : « répéter, c'est bon ». Voici donc un conditionnement positif. Mais…

LE CONDITIONNEMENT BLOQUANT

Le conditionnement positif repose sur le plaisir. Le conditionnement négatif repose sur le déplaisir. Le cerveau limbique n'est programmant que dans la mesure où se répètent à l'identique des événements signifiants en termes de récompense et de punition.

De la même manière que le plaisir répété engendre une automatisation d'un comportement actif, le déplaisir répété engendre une automatisation d'un comportement d'évitement. Si l'on avait envoyé une petite décharge électrique (au lieu de la nourriture) au chien après le son de cloche, non seulement il n'aurait pas salivé au bout de quelques répétitions mais il se serait mis à éprouver des symptômes de peur. Autrement dit, il aurait tenté de s'échapper.

La peur de la décharge électrique est purement reptilienne et innée. En revanche, la peur de la cloche ne l'est pas ; elle est acquise par les expériences car reliée à un événement stressant que le limbique a « collé » par habitude. Cloche = douleur.

L'évitement programmé va engendrer un blocage. Le chien a peur que la cloche sonne. De la même manière, s'il n'y a plus de décharge électrique, le chien va quand même continuer d'angoisser si la cloche sonne.

Nous avons tous un nombre considérable de blocages. La plupart d'entre eux ne nous empêchent pas vraiment de vivre. Ne pas mettre les doigts dans son nez, est-ce bien gênant ? Ne pas bâiller sans mettre sa main devant la bouche, en quoi est-ce handicapant ? Ne pas dire de grossièretés, est-ce que ça empêche d'être heureux ? Non, bien sûr. Mais si chacun fait le compte de tout ce qui lui a été interdit depuis l'enfance, il y a fort à parier que la liste est longue.

Et puis il y a des blocages sensiblement plus invalidants. Si, depuis l'enfance, on vous rabâche qu'il faut vous montrer fort(e), ne jamais montrer vos faiblesses, alors les choses se compliquent. En effet, le comportement d'évitement lié à ce blocage peut vous isoler dans une tour d'ivoire où tout semble solide de l'extérieur. Que faire alors de la peur quand vous en éprouvez ? Que faire de vos larmes quand vous êtes triste ? Que faire de vos fragilités sinon les refouler ? Que faire de vos erreurs sinon les dissimuler ou les attribuer à d'autres ? Les modalités d'évitement sont parfois plus problématiques ou asociales que ce qui est interdit.

Dans un blocage, il y a une peur irraisonnée des conséquences de l'affrontement. Ce qu'on nomme *affrontement* ou *exposition* en psychologie, c'est le fait de faire face à la peur en faisant la chose qu'on redoute. Affronter un blocage sur l'expression de la faiblesse, c'est par exemple prendre le risque de dire publiquement que l'on se sent fragile.

Imaginons que des parents disent systématiquement à un enfant qui tente de s'exprimer devant des invités « Arrête de faire ton intéressant ! » Il y a de quoi engendrer chez l'enfant un doute sur le fait qu'il puisse susciter l'intérêt d'autrui. Normale-ment, ce genre de sanction sociale décourage la plupart des enfants. Ils comprennent assez rapidement qu'ils doivent cesser de prendre une place qu'on leur conteste. Ils évitent. Pourquoi pas après tout, pourrait-on penser. Ils peuvent attendre d'être plus grands pour s'exprimer dans certains contextes. Sauf que… l'enfant n'a pas forcément la maturité de comprendre ce qu'on peut dire ou ne pas dire dans tel ou tel contexte. Alors, par amalgame, le cerveau limbique de nos enfants verrouille des secteurs complets.

Ainsi il est probable que l'attitude parentale qui vient d'être décrite engendre chez les enfants un blocage sur l'expression qu'on retrouvera à l'âge adulte. Qui dit blocage dit évitement. Qui dit évitement dit aussi ignorance et inexpérience.

Je rencontre régulièrement des adultes en formation continue. On peut supposer que ces adultes furent des enfants ; il leur arrive de l'oublier, pas moi. Ils s'en souviennent par exemple dans des stages de « prise de parole en public ». Là ça bloque fort, très fort parfois. Leur environnement professionnel les pousse pourtant à faire ce qu'ils avaient pris soin d'éviter : s'exprimer publiquement. La plupart viennent à ces stages avec de l'appréhension. Le climat dans le groupe fait qu'ils ne cachent pas très longtemps leur peur. L'objet de la peur est souvent lié à l'image sociale. **Si** je prends la parole, **alors** on va se moquer de moi. **Si** je m'exprime, **alors** je vais bafouiller, être nul(le).

Lorsqu'il y a un conditionnement bloquant, le **si-alors**... tombe comme un couperet. La résurgence des événements conditionnés de la petite enfance est rarement consciente. Les raisons conscientes pour éviter sont en général des croyances très irrationnelles qui résonnent comme des certitudes dramatisantes. Nous sommes très rigides quand nous avons peur. Rigides en pensées et en inaction.

LE TRAUMATISME

C'est effectivement dans l'enfance qu'il faut rechercher les causes de la plupart de nos peurs d'adulte. Mais cette introspection est-elle bien nécessaire pour nous débarrasser de nos peurs ? Faut-il fouiller dans notre passé pour nous libérer du carcan de la peur ? Certains psys vont diront oui, d'autres non. Ce n'est peut-être apparemment pas très rassurant de constater les divergences, voire les contradictions entre les professionnels. Cependant, cette diversité a le mérite de laisser le choix.

Mon expérience de thérapeute me montre que cette enquête historique n'est pas indispensable et que l'on peut « guérir » d'une peur excessive sans identifier le ou les événements sources.

On devine bien en quoi un choc traumatique peut conditionner dans le sens d'un blocage par peur de renouveler un désagrément. Si un parent a voulu créer son entreprise quand on était petit et que son initiative s'est soldée par une longue période de misère sociale, il semble normal qu'on ait peur d'entreprendre soi-même. De la même manière, si une petite fille prend des claques quand elle joue avec du rouge à lèvres et les vêtements de sa maman, cela peut expliquer qu'elle ait plus tard des difficultés avec sa féminité et son rapport à la séduction.

Pourtant, nos peurs rémanentes d'adulte ne reposent pas si fréquemment sur une base clairement traumatique. Nos craintes s'immiscent en nous de façon plus pernicieuse en général.

LE BLOCAGE « BIENVEILLANT »

Cela peut sembler étrange que notre environnement éducatif puisse engendrer en nous des blocages sans la moindre maltraitance apparente. En fait, pour bien comprendre comment on peut induire un blocage chez son enfant avec amour, il faut juste considérer les blocages qu'ont déjà les parents. Or, parmi nos nombreux blocages, la plupart sont sous-tendus par des valeurs, ou plus exactement des antivaleurs. Quoi de plus naturel alors quand on aime ses enfants que de leur transmettre les valeurs auxquelles on croit ? Un cadeau empoisonné ? Parfois, oui.

• *LES VALEURS*
Chez ceux, nombreux en Europe, qui ont grandi dans la culture judéo-chrétienne, la modestie est une valeur. Or, ce que cache souvent une valeur si elle est rigide (limbique), c'est qu'elle comporte son revers appelé antivaleur. Ainsi, l'estime de soi est souvent dénigrée au nom de la vénérable et obligatoire modestie. L'estime de soi est alors souvent amalgamée à des concepts caricaturaux qui symbolisent l'antivaleur. L'orgueil, la vanité, la vantardise flirtent sans discernement avec une salutaire et juste estime de soi. Mais quand la valeur est conditionnée par un blocage qui coupe distinctement en deux le bien et le mal, alors on est fortement dissuadé d'aller voir de l'autre côté de la barrière. Ceux qui osent seront montrés du doigt car les antivaleurs conditionnées engendrent l'intolérance envers ceux qui transgressent l'interdit.

Si on parle de valeurs, on va devoir parler de morale aussi. Beaucoup de nos valeurs se sont constituées de façon binaire et moraliste. Cette tendance simpliste est d'autant plus incontournable dans les premières années de la vie que l'enfant ne dispose principalement pour se construire que de ses deux premiers cerveaux. Le limbique est assez doué pour faire face à ce qui est simple et connu. Les réalités complexes ou inconnues devraient être traitées par le troisième cerveau, mais le néocortex n'est pas encore très opérationnel dans les débuts de la vie. Alors on se construit en noir et blanc, ignorant les couleurs. C'est une image mais retenons que, tout petit, on n'échappe guère à la dichotomie du bien et du mal. Il faut avancer en âge pour remettre en cause ces certitudes simplistes en exerçant peu à peu son esprit critique, au fur et à mesure que l'intelligence néocorticale permet d'accéder aux nuances, aux subtilités de la vie.

• Nos cerveaux et la peur... troisième couche

Peu avant la naissance, les cerveaux reptilien et limbique sont totalement opérationnels. En revanche le néocortex est embryonnaire chez le nourrisson. Il va peu à peu apprendre à se servir de ce cerveau, encore faut-il attendre qu'il soit physiologiquement mature. Or la maturation de ce cerveau est lente et se finalise vers l'âge de 20 ans. Depuis tout petit, nous appréhendons donc un monde complexe avec deux cerveaux inadaptés pour faire face à la complexité.

Le néocortex est un cerveau que l'on qualifie de néo-adaptatif. Cela signifie que ses réponses adaptatives ne sont pas le fruit d'une association programmée de façon rigide et de type stimulus/réponse. La réponse néocorticale n'est pas ancienne et conditionnée mais nouvelle et circonstanciée. On comprend pourquoi certains chercheurs ont cédé à la tentation de l'appeler le cerveau intelligent. De fait, il est le seul à pouvoir s'adapter au réel quand ce dernier est complexe ou nouveau.

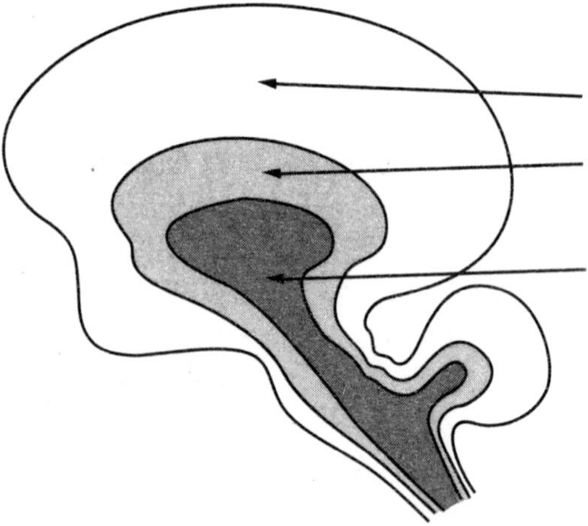

Pour autant, on ne peut pas affirmer que le cerveau limbique est inintelligent. Il lance spontanément des commandes mentales et comportementales qui sont adaptées aux situations connues et simples. C'est une belle marque d'intelligence que de pouvoir mémoriser ce qui marche et ce qui ne marche pas dans une situation donnée et de faire le bon choix. Encore faut-il que les situations de programmation (anciennes) soient exactement les mêmes au moment où il faut faire un choix d'adaptation quelques années, voire quelques décennies après la mise en place du conditionnement.

On ne peut pas dire non plus que le cerveau reptilien ne participe pas à l'intelligence humaine. Les réflexes innés nous font gagner un temps fou. Le temps de réaction pour enlever notre main d'un objet brûlant est extrêmement court. Tant mieux! S'il fallait réfléchir avant de trouver la solution qui préserve notre intégrité physique, nous ne serions pas entiers passé quelques années d'existence.

La théorie du cerveau triunique[2] de MacLean laisse entendre que nos trois cerveaux sont *a priori* très complémentaires. Mais hélas, ils ne collaborent pas toujours de façon synergique.

Il semble important de considérer que les temps de connexion des neurones néocorticaux sont assez lents, environ dix fois plus lents que ceux du système limbique. Voilà peut-être une bonne raison de prendre son temps, de ne pas se précipiter si l'on veut pouvoir se servir de ce cerveau créatif qu'est le néocortex.

---

[2] Sur la théorie du cerveau triunique, on peut lire *Les trois cerveaux de l'homme*, de Paul D. Maclean et Roland Guyot, Éd. R. Laffont.

Quand nous avons peur, nous sommes à cheval sur deux modes cérébraux assez archaïques. Le règne de la peur est bicéphale : une tête reptilienne pour un vécu désagréable et une tête limbique pour imposer un choix inadapté car trop simpliste.

Comprendre comment faciliter l'accès au mode néocortical est une des clefs essentielles pour se libérer des peurs qui nous gâchent la vie. Nous y reviendrons.

Mais restons encore un peu sur le mode limbique afin d'en mieux comprendre le fonctionnement. Puisque c'est lui qui par sa programmation inadaptée engendre des peurs irrationnelles à l'âge adulte, explorons-le encore. Voici quelques précisions pour mieux comprendre quels types de conditionnements nous piègent, souvent à notre insu. Le concept de blocage bienveillant est peut-être encore un peu flou. Faisons place nette !

LES HYPOS

Le blocage bienveillant est la résultante d'un conditionnement moral binaire. Il y a donc une bonne case et une mauvaise case : le bien et le mal.

Dans l'interdit simple, lorsque le chat n'est pas là, les souris dansent. Autrement dit, un enfant à qui on aurait interdit de manger des sucreries, peut encore en manger en cachette. En revanche, si on a laissé planer l'idée abstraite que la gourmandise est un vilain péché et si ce discours est redondant et moralisé, alors au fil du temps l'enfant va peu à peu devenir garant de l'interdit. Une norme sociale s'inscrit de façon rigide dans le patrimoine culturel de l'enfant. Une certaine idée du plaisir va en découler et son rapport à la nourriture pourra être mêlé à la culpabilité.

Ce mode de conditionnement n'a pas vraiment la texture du traumatisme. Même en fouillant le passé de l'enfant, il sera difficile ou impossible d'y trouver un événement douloureux. Tout s'est passé en douceur dans cet endoctrinement familial et aimant.

Ces conditionnements bloquants (et doux), le docteur Fradin[3] les a nommés des hypos (ou conditionnements hypofonctionnels). Les hypos sont des blocages précoces avec une dimension cognitive (des résistances à penser librement dans le domaine bloqué) et une dimension comportementale (des résistances à agir dans le domaine bloqué).

On peut avoir des hypos sur n'importe quoi. Tout dépend de ce que l'environnement éducatif a dénigré pendant notre enfance. Les enfants « récupèrent » la plupart des hypos de leurs parents. Prenons l'exemple

[3] Le Dr Jacques Fradin dirige l'Institut de médecine environnementale à Paris. Il est l'auteur de quelques ouvrages cités dans la bibliographie.

de quelqu'un qui a un hypo sur la paresse (je prends un classique tiré des sept péchés capitaux pour ratisser large).

Quand on a un hypo sur la paresse, on porte un jugement négatif sur la paresse et on est intolérant vis-à-vis des gens qui paressent. En hypo, les représentations sont assez simplistes, elles manquent de nuances. Ainsi le repos peut être regardé avec suspicion. Les personnes qui ont un hypo sur la paresse sont souvent très exposées à l'hyperactivité et au *burnout*. En survalorisant le travail, l'effort (la valeur), ils fuient l'antivaleur. Ce faisant, ils tirent sur l'élastique de leurs ressources et sont fréquemment soumis à l'épuisement.

En hypo, à force d'éviter, on acquiert une grande ignorance du sujet. Cette méconnaissance renforce les *a priori* à grands coups de clichés simplistes. Ainsi le farniente sur une plage est associé à une perte de temps ou à une forme de débauche coupable. Il y a toujours quelques proverbes pour tenter de justifier le rejet d'un sujet hypo. *« La paresse est mère de tous les vices »*… Quant à ceux qui pensent que l'avenir appartient à ceux qui se lèvent tôt, je les laisse considérer cet autre proverbe presque thérapeutique : *« La vraie paresse, c'est de se lever à 6 heures du matin pour avoir plus de temps pour ne rien faire. »*

Selon quelqu'un qui a un hypo, le mieux pour lui, c'est de ne jamais penser ni parler du sujet et de l'abandonner au silence du tabou. Pour éviter le sujet dans une conversation, les personnes en hypo n'hésitent pas à recourir à la mauvaise foi.

Quant à la perspective d'être directement concerné, voire exposé et faire la chose interdite, la personne se réfugie dans des alibis d'évitement. Ainsi, si l'on propose à notre ennemi de la paresse une sieste quand tout est calme, il prétextera probablement une urgence quelconque pour ne pas se compromettre dans ce qui pourrait ressembler de près ou de loin à ce qui est hypo pour lui.

Le paradoxe de l'hypo est que la personne a souvent le sentiment, parfois la certitude qu'il n'a pas de blocage sur le sujet. Au contraire, il le considère comme une liberté dont il est fier. Or, la liberté c'est de pouvoir faire ou ne pas faire la chose. En hypo, on ne peut que ne pas la faire.

La tendance comportementale de l'hypo consiste à éviter d'être confronté au sujet. Cet évitement est en général assez paisible. Souvent, nous nous organisons assez bien pour ne pas avoir à faire ce qu'on n'aime pas. Mais parfois, la confrontation est incontournable. Une obligation professionnelle, une motivation amoureuse, un enjeu de développement personnel, un quelconque élément extérieur peut nous inciter ou nous forcer à agir et à transgresser cet interdit dont on se sent garant.

Quand la personne ne peut plus reculer, ce que nous appelons « l'exposition » en thérapie comportementale est associée à un vécu particulier. Le ressenti de base durant l'exposition est une sensation de gêne qui peut flirter avec le ridicule ou l'absurde. En thérapie, l'affrontement est géré dans une progressivité qui rend l'exercice possible et libérateur car supportable. Or, dans la vie de tous les jours, une « exposition sauvage » peut s'avérer extrêmement stressante car la maladresse du débutant ajoutée au jugement de l'environnement peut faire très peur à la personne qui a osé passer à l'acte malgré ses réticences. En dehors du cadre sécurisant d'un cabinet, la personne s'expose aux moqueries et au rejet. La peur peut alors être à son comble et paralyser l'audacieux mal préparé. L'énorme inconvénient de ce type d'exposition mal préparée et « sans filet » est qu'une expérience malheureuse renforce l'hypo par « pseudo-vérification ». En effet, suite à sa tentative maladroite, la personne consolide sa croyance initiale et justifie les évitements passés et futurs. On n'est pas prêt de l'y reprendre. La peur est renforcée.

Autant un affrontement qui se passe bien laisse la personne durablement calme et fière, autant une pseudo-vérification peut pousser la personne à ressasser l'événement bien après qu'il se soit terminé.

Le plus efficace moyen de se découvrir un hypo est d'être attentif à nos intolérances envers autrui. L'agacement est particulièrement révélateur de nos blocages. Cela demande un certain cheminement mental pour passer de la conscience qu'untel est « con » à une conscience plus inédite : cette personne qui m'agace possède une liberté que je n'ai pas.

Souvent les gens qui nous agacent sont plus ou moins maladroits ou caricaturaux dans leur manière de faire. Lorsque certains sont exemplaires dans leur manière de faire, alors l'agacement peut se transformer en admiration.

Il y a quelques variantes dans ce qu'on appelle les résonances d'hypo. On est en résonance quand quelqu'un nous renvoie une rigidité chez soi. Le plus courant est de se focaliser sur l'autre et sa rigidité déplaisante, sans considérer la nôtre qui fait écho. Le délit de sale gueule n'est pas loin… « Lui, je le sens pas ! » Le rejet de la différence n'est pas sans lien avec la multitude de nos hypos.

Les hypos n'engendrent pas seulement une incapacité à penser, à agir et à tolérer. Ils ont tendance à produire des comportements de substitution inconscients, compulsifs et anxiogènes.

LE CONDITIONNEMENT COMPENSATOIRE

Aïe, les hypos engendrent des hypers !

Les liens hypo/hyper ne sont pas très simples à comprendre. Commençons en illustrant le mécanisme par un exemple banal.

L'HYPER

Imaginons que vous ayez un hypo sur l'estime de soi. C'est imaginable ça ? On se connaît ? Faisons comme si ! Voici le film.

Vous avez donc un blocage qui vous empêche de connaître et d'exprimer les qualités qui font de vous un être estimable. Vous ne vous aimez pas beaucoup et il vous arrive trop souvent de penser « je suis nul(le) ».

Si on vous demande de faire une liste de vos qualités, l'idée vous paraît déplaisante et, si vous acceptez de dresser cette liste, vous séchez au bout de quelques minutes (secondes ?) car vous ne passez pas la barre de dix qualités. Pour vous, faire un CV qui vante vos compétences est un calvaire que vous aimeriez éviter. Vous pensez de ceux qui font tout cela que certains sont de sales vantards et que quelques autres sont admirables à vos yeux. Bref, vous avez un hypo sur l'estime de soi.

Explorons si vous avez l'hyper qui va avec !

Appréciez-vous que d'autres vous reconnaissent des qualités ? Aimez-vous les compliments sincères ? Affectionnez-vous qu'on vous fasse sentir que vous êtes quelqu'un de bien ? Avez-vous besoin qu'on vous aime et qu'on vous le montre, qu'on vous le dise, qu'on vous le prouve ? Éprouvez-vous un manque quand vous n'obtenez pas assez de reconnaissance ? Souffrez-vous beaucoup quand on vous quitte ? La critique est-elle difficile ou pénible à entendre ? Êtes-vous susceptible ? Et quand vous obtenez cette estime de quelqu'un, avez-vous peur de la perdre ?

Bon, on arrête là ? Merci de votre collaboration. Votre sacrifice va servir aussi aux autres car vous n'êtes pas le(la) seul(e) dans ce cas.

L'hyper de reconnaissance est on ne peut plus banal. Pas moins banal que l'hypo qui porte sur la capacité à s'aimer soi-même. Là encore, le sujet tabou porte sur un péché capital : l'orgueil. « Non mais, pour qui il se prend celui-là ? Faut pas péter plus haut que son cul !... »

Dans l'hyper considéré, on attend, on espère fébrilement que d'autres nous apportent ce qu'on ne peut s'apporter soi-même.

Dans tous les hypers il y a une dépendance externe. On donne une valeur extrême à ce qu'on désire en hyper. On est en fait plus proche du besoin que du désir car le manque est douloureux. On flirte souvent avec l'entêtement ou l'obsession. On est impatient, accroc parfois. Dans les hypers, il y a une peur anticipée. Ce qui est redouté c'est de ne pas obtenir ce que l'on veut. La peur de l'échec est très symptomatique de l'hyper. Il n'y a pas de trac sans hyper. Dans l'un comme dans l'autre il y a un mélange de peur et d'excitation. On veut très fort quelque chose et on craint de ne pas l'obtenir. Et quand on obtient ce qu'on veut, on craint de le perdre ou de ne pas pouvoir renouveler le plaisir de l'acquérir.

La course aux hypers peut sembler infinie. De fait, elle occupe une place considérable dans nos vies. Le paradoxe veut que de grandes satisfactions répétées puissent engendrer une saturation voire un dégoût comme dans la boulimie. Cette contradiction s'explique par le fait que l'hyper est un mécanisme compensatoire et inconscient. Du moins, la personne est consciente de ce qu'elle recherche en hyper ; en revanche, elle ne sait pas (ou rarement) qu'elle le recherche de façon compensatoire. Le lien hyper/hypo n'est pas conscient. C'est pour cette raison que les satisfactions en hyper sont plaisantes mais pas très longtemps. On peut jubiler pendant quelques minutes puis sentir la nécessité de repartir en quête avec à nouveau la peur de perdre. Au jeu, les mauvais perdants ont des hypers très puissants, donc une grande dépendance au gain.

Lorsque les hypers sociaux et affectifs sont inefficaces, on trouve souvent quelques satisfactions fugaces dans des hypers consommatoires. Qui n'a jamais foncé sur une tablette de chocolat après une sale journée où l'entourage s'est montré blessant ou ingrat ? Certains (certaines souvent) éprouvent la compulsion d'aller acheter des fringues après une déception. D'autres trouvent dans l'alcool un plaisir qui contrebalance plus ou moins l'adversité du quotidien. Le tabac a souvent une fonction similaire, comme la plupart des drogues licites et illicites. Ces dépendances névrotiques sont pour la plupart d'entre nous plutôt légères. Mais parfois elles sont plus gravement pathologiques. Pas seulement à cause des effets secondaires des produits consommés mais aussi parce que ces compensations de compensation masquent une détresse psychosociale, retardant ainsi la prise de conscience des causes et la recherche de solution au problème.

Pour autant, les hypers, ce n'est ni bien ni mal. Nous en avons tous quelques-uns. Mais il est vrai que certaines modalités d'hypers sont particulièrement asociales. Certains hypers peuvent rendre envahissant voire prédateur. Les personnalités peu sociables sont en général des gens qui pour satisfaire leurs hypers, piétinent ceux des autres (rivalités et concurrence déloyale, délinquance, mauvaise foi, etc.).

Un des enjeux majeurs pour qu'un individu trouve sa place dans un groupe consiste à apprendre à socialiser ses propres hypers. Cela signifie que nous devons rechercher des façons d'entrer en contact avec autrui en négociant nos désirs, en recherchant un partage équilibré. Donner et recevoir dans la perspective d'une relation gagnant/gagnant n'est pas très naturel. L'influence des rapports de force dans les relations humaines rend assez difficile d'échapper à la dominance, l'intimidation et donc la peur.

Les modalités de reconnaissance peuvent être très sociales ou bien gravement antisociales. Pour satisfaire un hyper de reconnaissance, on peut faire preuve de gentillesse, de compétence, de sex-appeal, de modestie… On devine que ces modalités sont *a priori* plutôt sociables. Elles ont parfois l'inconvénient de nous exposer à l'ingratitude mais elles sont souvent assez efficaces. En revanche, d'autres tentent de plaire en trichant, en humiliant, en écrasant ou bien en tuant autrui. Ces formes dominantes fonctionnent moins bien dans une société de droit. Bien que, dans les démocraties, on tende à sanctionner ces comportements, ils perdurent car la force reste encore une manière de faire valoir sa valeur.

De la même manière, quelqu'un qui aurait un hyper sur le sexe peut développer un savoir-faire et se montrer un amant attentionné. Mais ce même hyper chez un autre peut le conduire au viol. Un même hyper chez deux individus différents peut donc prendre des modalités de socialisation radicalement opposées.

L'hyper est aussi le berceau de la rivalité. Ce qu'on désire en hyper semble rarement à disposition et en abondance. Alors la vie peut sembler à certains un interminable combat.

Il semble que, si nous ne voulons pas nous comporter comme des sauvages, il nous faut être gestionnaires de nos hypers. Pourtant, pour faire face aux naturelles pulsions de nos hypers, il existe une alternative intéressante. Je suis tenté de qualifier de thérapeutique cette alternative tant il est rare qu'on ait l'intuition d'aller

chercher l'hypo qui nourrit l'hyper qui nous rend fébrile et dépendant. Et si tant est qu'on puisse faire ce lien de cause à effet, je ne vois pas bien comment, en dehors d'une démarche approfondie et guidée de développement personnel, on peut décider seul de se libérer d'un hypo pour se débarrasser de la dimension envahissante de l'hyper.

Toujours est-il qu'il me paraît intéressant de considérer que nous ne sommes pas condamnés à gérer les symptômes d'une problématique anxieuse. Un travail sur les causes est possible, heureusement. Ce n'est pas la même démarche. Nous y reviendrons ultérieurement.

• Nos besoins sont-ils anxiogènes ?

En abordant le concept novateur[4] d'hyper, nous venons de l'illustrer à travers sa manifestation la plus banale : l'hyper de reconnaissance externe. Je précise externe parce que, dans cet hyper, on attend la reconnaissance d'autrui ; elle est censée venir d'ailleurs que de soi. Il se trouve justement que la reconnaissance interne, celle qui viendrait de soi, est bloquée donc hypo.

Cet hyper-là, qui nous rend dépendant du jugement d'autrui, correspond à l'un des besoins fondamentaux tels que Abraham Maslow les a décrits dans les années 50. Ce psychologue américain a élaboré une théorie originale. Son propos fut de classer une série de besoins humains. Sa théorie a le mérite d'être d'une grande simplicité et d'une logique implacable. Elle prétend que nous possédons tous cinq catégories de besoins. Ces besoins sont donc universels et il existe une hiérarchie qui les ordonne. Selon les versions, cinq ou six niveaux sont présentés sous une forme pyramidale. La préoccupation consciente des besoins « d'en haut » serait assujettie à la satisfaction de ceux « d'en bas »[5].

---

[4] Le modèle hypo/hyper est récent. Il a été conçu à l'Institut de médecine environnementale à Paris vers la fin des les années 80.

[5] Pour en savoir plus sur les travaux d'Abraham Harold Maslow, on peut lire cet ouvrage de référence, *Vers une psychologie de l'être*, Éd. Fayard.

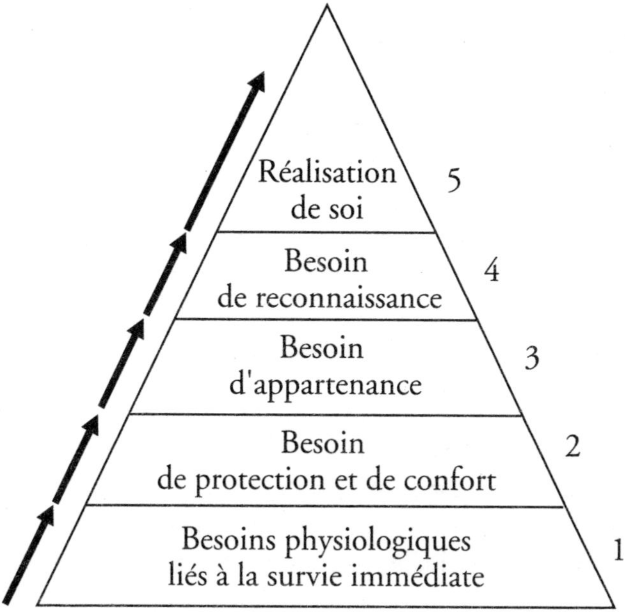

Pour faire simple, on peut dire que, si cela fait trois jours que vous n'avez pas mangé, on peut supposer que votre souci principal n'est pas de savoir ce que vous allez regarder à la télé ce soir. De même, si vous dites à un clochard que ce n'est pas très civique de laisser traîner des papiers par terre, il risque de vous rire au nez ou de vous traiter de noms d'oiseaux. Une authentique conscience civique ou écologique est du ressort du cinquième étage de la pyramide. Au quatrième, on peut ramasser le papier pour être félicité par quelqu'un dont on espère un jugement valorisant.

Au troisième, on peut faire ce même effort, mais par crainte du rejet dans un groupe qui affiche cette valeur.

On retrouve chez Maslow, le même étagement que chez MacLean. Les deux premiers niveaux de besoins de la pyramide correspondent aux préoccupations reptiliennes. Les deux suivants sont sociaux et grégaires. Ils correspondent à des préoccupations limbiques. Quant au cinquième niveau, si le néocortex n'en a probablement pas un total monopole, il est fortement et principalement concerné par ce genre de préoccupation. Il est même tentant de se demander s'il n'est pas particulièrement distinct des quatre autres si l'on considère qu'un besoin est une nécessité impérieuse, une force interne coercitive. Dans ce cas, le souci de se réaliser peut davantage ressembler à un désir qu'à un besoin.

Dans l'absolu, tous les hypers sont vécus comme des besoins. La compensation inconsciente exerce une pression qui nous pousse dans la course à *l'objet* hyper. La logique des besoins exige que l'on se donne les moyens de les satisfaire. Cette dynamique est pulsionnelle. Freud évoquait la notion de « ça ». Mais le « surmoi » (cette instance limbique de régulation sociale normative) tend plus à refouler les besoins qu'à les canaliser dans la perspective de relations gagnant/gagnant.

Que nos besoins soient conscients ou refoulés, il n'en demeure pas moins que nous craignons de ne pouvoir les satisfaire. Il y a ainsi dans toute peur, directement ou indirectement, la perspective de ne pas pouvoir satisfaire un besoin. Nous pouvons identifier quelques peurs génériques, chacune liée aux niveaux de besoins tels que Maslow les a considérés.

Niveaux	Besoins	Logique sécuritaire	Peur
1	Physiologiques	Intégrité corporelle, survie	Faim, froid… morcellement, mort
2	Protection, confort	Sécurité matérielle, bulle, cocon	Douleur, maladie…
3	Appartenance	Sécurité sociale, intégration	Isolement, exclusion, rejet
4	Reconnaissance	Sécurité affective et narcissique	Ne pas être aimé(e), honte, humiliation, soumission

Ce à quoi, nous pouvons ajouter un dernier élément qui mérite, je crois, d'être mis à part. On est en effet en droit de s'interroger sur le fait que des peurs puissent être présentes au dernier étage de la pyramide de Maslow. On pourrait polémiquer pour savoir si ce luxueux étage correspond effectivement à un niveau de besoins. Je préfère laisser à un poète le soin d'introduire ce doute. Dans une de ses chansons *(Sauver l'amour)*, Daniel Balavoine évoque une bascule salutaire dans un vers d'une grande profondeur : « *Qui pourra remplacer le besoin par l'envie ?* »

Y a-t-il encore une logique sécuritaire au cinquième niveau ? Je conçois ici le concept de prudence mais y a-t-il vraiment insécurité et peur ? Vous en jugerez.

Niveaux	Besoins	Logique sécuritaire	Peur
5	Épanouissement	?…	Passer à côté de sa vie, ne pas lui trouver de sens.

• Une peur archaïque

La hiérarchie maslowienne suggère que finalement toutes nos peurs soient indirectement liées à une seule et même peur archaïque (reptilienne) : la peur de la mort. La théorie de l'évolution des espèces corrobore cette hypothèse.

Comme nous le verrons en détail dans un chapitre ultérieur, pour faire diminuer ou disparaître une peur, le travail cognitif consiste à nommer l'objet de la peur et explorer mentalement les dangers fantasmés ou réels que la personne considère peu ou pas consciemment. Ainsi, si une personne dit par exemple « je n'ose pas dire ce que je pense dans une réunion », l'enquête commence :

– Si vous disiez ce que vous pensez en réunion, que se passerait-il de grave ?

– J'ai peur de dire des bêtises.

– Et si vous disiez une bêtise, que redouteriez-vous qu'il se passe ?

– On se moquerait de moi sûrement.

Le premier aspect de la peur de cette personne se situe là au quatrième niveau des besoins selon Maslow. C'est très fréquent dans une société où le pouvoir d'achat est élevé. Voyons ce qu'il y a derrière :

– Et si on se moque de vous, que se passera-t-il d'inquiétant ?

– Je vais rougir, paniquer. J'aurai honte.

– Et alors ?

– Alors je risque de passer pour quelqu'un d'incompétent.

– Et alors ?

– Alors peut-être qu'on va me virer.

La peur de l'exclusion est de niveau 3. Creusons :

– Que redoutez-vous si on vous vire ?

– Je ne peux pas me permettre de perdre mon travail. C'est difficile d'en retrouver et moi j'ai un loyer à payer.

Nous voilà au deuxième niveau dans la banale spirale dramatisée des peurs. Attention, une peur peut en cacher une autre. Y a-t-il une autre petite poupée russe dans la moyenne poupée contenue dans la grande poupée ?

– Et si vous ne parvenez pas à payer votre loyer, que se passera-t-il ?

– Quelle horreur ! Je n'ose pas imaginer ça.

– Pouvez-vous essayer quand même s'il vous plaît ?

– C'est monstrueux. Je ne veux pas finir SDF.

– Est-ce dramatique d'être SDF ?

– C'est abominable. On n'est plus à l'abri de rien. Agression, faim, froid… La vie ne tient qu'à un fil.

Nous voilà enfin au premier niveau, celui où la vie et la mort flirtent dangereusement. Ce questionnaire peut sembler froid ou cynique. Ce récit pédagogique n'est pas tout à fait réaliste par rapport à ce qu'on fait en thérapie. Cependant techniquement il ressemble quand même pas mal à ce qu'on appelle « la flèche descendante », cette exploration mentale dans laquelle on envisage le pire. Ce désagréable scénario était déjà induit dans l'inconscient de la personne. Le thérapeute se borne dans un premier temps à le faire émerger au niveau conscient. Puis il introduit des questions rationnelles du genre :

Quelle est la probabilité pour que vous mouriez de froid dans la rue si vous dites ce que vous pensez en réunion ?

Dans la plupart des cas, à ce moment-là, la personne sourit et se détend. Même si personne n'est objectivement capable de prédire l'avenir, l'intelligence humaine est apte à estimer des risques de façon relativement raisonnable et réaliste. Encore faut-il se servir de son néocortex. Ce qui n'est pas ou peu le cas quand la peur nous envahit. Pour quelqu'un d'un peu expérimenté, la disproportion entre l'imaginaire dramatisé et le fruit d'une réflexion logique n'est pas très difficile à mettre en évidence. Il n'est pas vraiment besoin d'être thérapeute pour cela. C'est probablement ce qu'il vous arrive de faire avec vos proches quand ils vous semblent se noyer dans un verre d'eau.

Cette dédramatisation rationnelle est souvent très apaisante. Mais cela ne marche pas à tous les coups. Et puis c'est particulièrement difficile de prendre cette distance tout(e) seul(e). Nous y reviendrons.

Avant de clore ce court chapitre sur cette peur archaïque, je vous laisse imaginer l'impact sur toutes nos peurs si nous parvenions à craindre moins, voire plus du tout… la mort.

Dans son livre *Victime des autres, bourreau de soi-même* [6], Guy Corneau montre qu'une peur « de

---

[6] *Victime des autres, bourreau de soi-même*, Guy Corneau, Éd. R. Laffont, 2003.

surface » nous protège toujours d'une autre peur plus profonde. Ainsi, la crainte obsédante de perdre ses cheveux n'est souvent que l'antichambre de la peur de ne pas être aimé(e), cette peur essentielle masquant elle-même la peur existentielle de la solitude… Le psychanalyste québécois précise : « *Se délivrer des petites peurs pour aller vers des peurs plus grandes n'est pas, en soi, une perspective très alléchante. Il s'agit pourtant du chemin que chacun est invité à suivre.* »

Les troubles de la peur

La peur est avant tout une émotion naturelle et utile. Au même titre que la douleur, cette fonction normale de l'organisme alerte la conscience quant aux dangers de la vie. Cette intelligence primaire est censée mobiliser d'autres intelligences pour faire face aux risques encourus. La peur, quand elle joue bien son rôle, tend à nous éloigner de l'objet inquiétant. Cet éloignement doit nous éviter de faire face à ce qui semble redoutable, dangereux. Souvent la fuite l'emporte.

Mais l'évitement est-il toujours légitime ? Se met-il à chaque fois au service de notre survie ou de notre bien-être ? Je suppose que si vous avez choisi d'avoir ce livre entre vos mains, c'est que vous savez que parfois la peur nous abuse dans ses pulsions de Fuite.

Comme beaucoup de fonctions organiques, la peur est un système autorégulé. Comme le thermostat d'un radiateur, il est réglé. Parfois bien réglé et la température est agréable, parfois mal réglé et l'on a trop chaud ou bien trop froid.

Si vous avez très peur seul(e) et désarmé(e) face à un lion en liberté, votre système est bien réglé. En revanche, si vous êtes paniqué(e) à la vue d'un koala dans un zoo, votre système mérite un bon réglage. Un système est bien réglé quand il ne se déclenche que face à de réels dangers.

Le système peut être déréglé à la hausse ou à la baisse. Ainsi les angoissés chroniques et les phobiques souffrent d'un excès de peur. À l'inverse, les casse-cou inconscients ont tendance à mettre leur intégrité corporelle en péril par un déficit de peur. Ces deux extrêmes flirtent avec les pathologies de la peur. Explorons ces troubles.

LA PEUR, UNE GRANDE FAMILLE ÉMOTIONNELLE

La peur, la colère, la tristesse et la joie sont souvent présentées comme étant les quatre grandes familles émotionnelles.

Dans la parenté de la peur, on trouve l'anxiété, l'angoisse, la phobie et quelques variantes de ces trois

« sœurs ». Mais la mère de toutes est l'état reptilien dit de Fuite.

LA FUITE

Je rappelle que la Fuite, au même titre que la Lutte et l'Inhibition, est un état d'urgence de l'instinct. Cet état reptilien se caractérise par la préoccupation imminente d'échapper à un danger, à une contrainte. Tous les symptômes de la Fuite sont des signes d'agitation.

Chaque état de stress a trois types de manifestations :

1 • physiologiques ;
2 • comportementales ;
3 • cognitives (mentales).

Ainsi quand nous avons peur (dans cet état dit de Fuite), notre physiologie est affectée de la façon suivante :

- notre respiration est rapide et superficielle ;
- notre rythme cardiaque s'accélère (le cœur bat la chamade) ;
- nous rougissons (chaleurs soudaines) ;
- nous transpirons ;
- nous déglutissons plus fréquemment (car nous salivons davantage).

Dans ce même état, nos comportements sont aussi affectés :

- nous sommes gestuellement agités (notre tête dodeline, nos mains gigotent, nos pieds tapotent, tout bouge, on ne tient pas en place...) ;
- notre regard aussi est agité. Face à un interlocuteur inquiétant nous ne croisons pas son regard ;
- nous avons un sourire bizarre (paradoxal parce qu'il n'y a rien d'amusant dans la situation). C'est un sourire de conciliation qui peut nous pousser au rire nerveux, voire au fou rire si la peur augmente ;
- notre débit de parole est important et nous disons pas mal de bêtises ;
- nous sommes maladroits et gaffeurs.

La peur affecte aussi nos pensées. Les signes cognitifs sont :

- l'inquiétude, la vigilance ;
- nous sommes exagérément conciliants (aux dépens de nos intérêts) ;
- nous avons un sens ambigu de l'engagement (nous disons « oui, oui » pour qu'on nous laisse tranquille alors que nous pensons non) ;
- nous sommes mentalement confus ;
- nos idées sont floues et peu logiques ;
- nous sautons du coq à l'âne.

Le regard social que nous portons sur les personnes en Fuite peut être négatif ou positif.

On dit parfois en négatif, de quelqu'un en Fuite, qu'il (elle) est : indécis(e) ; peu fiable ; irresponsable ; gaffeur(-se) ; instable ; anxieux(-se) ; craintif(-ve) ; timide ; « dégonflé(e) » ; oublieux(-se) ; désorganisé(e) ; désinvolte ; qu'il (elle) défend mal ses intérêts ; n'a pas d'amour-propre.

On dit aussi parfois en positif qu'il (elle) est : marrant(e) ; sympa ; créatif(-ve) ; souriant(e) ; conciliant(e) ; boute-en-train ; et *ainsi de Fuite*...

Mais le plus souvent, la Fuite a mauvaise presse et nous tentons d'en masquer les manifestations. Trop souvent, nous pensons qu'il ne faut pas montrer qu'on a peur. Ce genre de jugement de valeur a plusieurs inconvénients dont nous reparlerons.

L'ANXIÉTÉ

Dans l'anxiété, il y a une dimension d'anticipation. La peur anxieuse est l'appréhension d'un danger qui n'est pas encore apparu. Peut-être surviendra-t-il, peut-être pas. Dans l'anxiété, on le redoute, souvent de façon pessimiste.

Si le système de la peur est bien réglé, alors l'anxiété permet de prendre des précautions pour éviter les ennuis. Une anxiété modérée peut même être stimulante pour effectuer certaines tâches. Nous éprouvons tous un peu d'anxiété lorsque nous sommes dans l'attente d'un événement : un résultat d'examen, une lettre d'amour, une opération chirurgicale, un entretien d'embauche… L'anxiété devient pathologique lorsqu'elle apparaît de façon chronique alors qu'aucune cause ne peut la justifier. En excès, elle nous aliène dans une double spirale névrotique.

1 • La première spirale obsessionnelle est celle de l'inquiétude irrationnelle ; elle est cognitive et émotionnelle (pensées + stress).
2 • La seconde est comportementale ; elle consiste en un activisme dont le but est de réduire toute forme de risque.

Les symptômes classiques de l'anxiété sont des tensions et douleurs musculaires, une tendance à respirer de façon rapide et superficielle, une vigilance excessive. Socialement, bien que l'anxiété soit pénible à vivre, elle n'empêche que rarement d'agir au quotidien. Il arrive même que certaines personnes anxieuses ne soient pas clairement conscientes de leur propre anxiété. Dans ce cas, elle peut ne se manifester que de façon indirecte par de la fatigue, de l'irritabilité, des réactions de sursaut, des tics…

• *LE TRAC*

Le trac est un trouble anxieux très banal. Il est presque toujours lié à un enjeu « hyper ». L'anxiété spécifique du trac porte sur la peur du jugement. Le regard des autres est perçu comme une menace et on craint d'être maladroit, jugé négativement. On voit alors en quoi est impliqué le quatrième niveau dans la pyramide de Maslow. Pour autant, l'hyper qui engendre le trac peut donner un côté excitant au challenge. Braver sa peur peut être stimulant. Mais parfois la peur est trop forte pour laisser à la personne assez de ressources pour donner le meilleur d'elle-même. On devine aussi de quelle manière le trac peut empêcher de se réaliser et passer ainsi du quatrième au cinquième niveau.

Le trac devient maladif quand il entraîne une crise de panique. Le vécu dans la crise est une terrifiante honte de soi. Le trac est particulièrement handicapant quand il se manifeste par un évitement chronique de situations banales (dîners, réunions, examens…). Le trac peut parfois s'apparenter à une phobie sociale.

• *LE TROUBLE ANXIEUX GÉNÉRALISÉ*

Poussée à son comble, l'anxiété peut prendre la forme d'un trouble psychiatrique : le trouble anxieux généralisé (TAG). Dans cette pathologie, la conscience des soucis est permanente et anormalement exagérée.

La préoccupation anxieuse est incontrôlable. La personne « flippe » à propos de tous les détails de la vie quotidienne (famille, travail, santé, argent...). Le handicap lié au TAG peut conduire les personnes qui en sont atteintes à une plus ou moins grave désocialisation.

L'ANGOISSE

Il n'est pas rare qu'on ne sache pas bien distinguer l'anxiété de l'angoisse. Ces peurs ont quelques similitudes, en effet. Ce n'est certes pas un hasard si elles ont toutes deux une même racine étymologique. Le mot latin *angere* signifie « serrer ». Il est assez évocateur des manifestations physiques de ces deux états émotionnels.

Angoisse et anxiété ont aussi en commun de se projeter dans un futur inquiétant. Dans l'anticipation, on redoute un danger avant qu'il ne survienne.

Ce qui distingue ces deux catégories de peur, c'est principalement deux points :

1 • l'aspect chronique ;
2 • l'intensité du vécu.

En général, on parle d'angoisse pour évoquer une expérience ponctuelle et intense. Alors qu'on utilise plutôt le terme d'anxiété pour désigner un état moins intense mais plus chronique. L'angoisse est en général plus déstabilisante que l'anxiété. Il est fréquent qu'une personne angoissée ne puisse pas poursuivre ses activités, alors que l'anxiété perturbe la vie quotidienne sans empêcher complètement l'action.

Ce qu'on ressent dans l'angoisse c'est un sentiment de perte de contrôle face à un danger imminent et grave. L'angoisse est physiquement assez douloureuse. Les symptômes classiques sont l'oppression thoracique accompagnée d'une gêne respiratoire. Le rythme cardiaque est très élevé. Le mot stress prend tout son sens puisqu'on se sent serré, voire étranglé. On a d'autant plus « les boules » qu'on en a souvent une dans la gorge et une autre à l'estomac. Lors d'une violente crise d'angoisse, on peut éprouver jusqu'à une sensation de déréalisation, une impression de ne plus être soi-même ou dans son corps. On retrouve ces symptômes en psychiatrie lors d'attaques de panique notamment chez des personnes phobiques. Soudainement, la personne se sent envahie par un malaise incontrôlable. Au plus fort de la crise, il arrive que certains aient le sentiment qu'ils vont mourir ou devenir fous.

Le mélange des troubles n'est pas rare. On peut par exemple avoir une grosse crise d'angoisse lors d'une exposition à un « objet » phobique.

LA PHOBIE

Quand on considère une peur, ce qu'on appelle « objet », c'est ce dont on a peur. Dans la phobie, l'objet est devenu phobique lors d'un (ou plusieurs) événement(s) traumatique(s). Il n'est pas rare qu'un seul événement engendre une phobie. Contrairement à la constitution des hypos (précoce, lente, moraliste et bienveillante), le conditionnement phobique se construit sur un événement vécu comme effrayant car intense et paniquant. Contrairement encore à l'hypo, dans la phobie, l'objet est concret. On peut avoir un hypo sur l'hypocrisie mais pas de phobie sur ce sujet. En général, les phobies portent sur des objets palpables et matériels. Il n'y a guère que les phobies sociales qui se rapprochent un peu des hypos.

La phobie est une peur irraisonnée d'un danger inexistant. La disproportion et l'irrationalité sont très fréquentes dans la plupart des peurs mais, dans la phobie, elles sont poussées à leur comble.

Si on ne sait pas ce qu'est une phobie, on ne peut pas comprendre comment une personne peut avoir une peur panique de la pluie ou pourquoi une autre aura une crise d'angoisse devant un pigeon. Cette incompréhension fait souvent partie de la souffrance sociale des phobiques. Incompris et jugés, ils peuvent être le jouet de moqueries tant leur peur semble absurde.

Pourtant ces « objets » sont reliés limbiquement à des événements qui, eux, ont effectivement été associés à un vécu dramatique. Les personnes phobiques n'en ont pas pour autant le souvenir, ce qui peut compliquer leur thérapie.

Pourtant, il semble qu'aucun travail cognitif n'ait d'effet significatif sur les phobies. Aucun raisonnement ne peut rassurer les phobiques. La personne sait pertinemment que sa peur et ses évitements sont déraisonnables mais rien n'y fait. Sa quiétude ne semble dépendre que de l'efficacité de ses stratégies d'évitement. Et parfois cela fonctionne très bien. Il suffit pour cela de vivre dans un environnement où l'objet phobique est exclu. Si vous avez une peur phobique des iguanes, partez vivre en Scandinavie et vous serez tranquille. Et si par malheur, vous en voyez à la télévision, vous n'aurez qu'à changer de chaîne.

Mais (hélas ?) souvent, l'évitement n'est pas possible. Il y a des contextes professionnels où l'on ne peut pas éviter l'avion. Un agoraphobe ne pourra pas forcément se réfugier dans une vie d'ermite. La peur des insectes n'est pas totalement évitable même en ville. Etc.

Avec quelques décennies de recul, les thérapies comportementales sont reconnues pour leur efficacité dans les phobies. Affaire à suivre. Encore un peu de patience…

LES INNOMBRABLES VISAGES DE LA PEUR

Il existe beaucoup d'autres types de troubles liés à la peur. En fait, il semble même assez difficile de ne pas voir dans tous les troubles psychologiques, des plus bénins aux plus graves (névroses et psychoses comprises), des traces de peur.

En plus des quelques manifestations décrites dans ce chapitre, on pourrait ajouter le stress post-traumatique, les troubles obsessionnels compulsifs (TOC), la paranoïa et beaucoup d'autres. Dans presque tous les déséquilibres psychiques, il y a de la peur. Pour une liste exhaustive, on peut se référer à la bible des psys, le fameux DSM4[7]. Mais est-ce bien nécessaire pour vaincre vos peurs ? J'en doute. Alors allons à l'essentiel.

Peut-être la liste de ce chapitre est-elle déjà trop longue. Toutes ces descriptions vous font-elles peur ? Il semble que de parler de poux, ça gratte la tête. Ainsi, la peur de la peur a-t-elle cette fonction de refouler les innombrables risques que nous courrons tous les jours. Il existe heureusement des manières plus conscientes de considérer nos peurs. Peut-être avez-vous apprécié de comparer vos petites peurs

[7] Le DSM4 est un pavé psychiatrique. Le *Mini DSM-IV-TR : Critères diagnostiques* est plus accessible, American Psychiatric Association (auteur), Julien-Daniel Guelfi (traducteur). Éditions Masson.

avec les grandes peurs des autres. Qui sait… N’empêche que vous tenez toujours ce livre entre vos mains. Bravo !

2

Ai-je raison ou tort d'avoir peur ?

La question est binaire par provocation. Quand nous avons peur, nous sommes en alerte et c'est plutôt sain. La question juste est de savoir de quoi on a peur. Et par extension il est bon d'estimer intelligemment quel est le réel danger de la situation. La sagesse populaire prétend que la peur n'est pas bonne conseillère. C'est souvent vrai mais elle nous donne au moins un bon conseil : attention ! Attention à quoi, attention combien ? C'est ce que la peur nous suggère d'explorer. Pourtant le diktat émotionnel de la peur ne nous incite pas vraiment à être curieux. C'est là où l'intelligence rationnelle doit prendre le relais de l'intelligence primaire qui a le mérite d'alerter.

Cet appel à la conscience est plutôt salutaire tant nous agissons limbiquement par automatisme. Il est bon et sain d'avoir peur. Ceux qui ne connaissent jamais la peur nous donnent une raison objective d'avoir peur. Ces gens-là sont fous et réellement dangereux. Rappelons-nous que la peur est un système réglable. Certains ont trop peur, d'autres pas assez. Mais les véritables enjeux de la peur sont moins quantitatifs que qualitatifs.

Il s'agit donc d'appréhender le danger en passant de la peur reptilienne et limbique à la prudence néocorticale. Cette opération mentale consiste à calculer un risque. Cela s'apprend.

Le danger, la peur, la prudence

Les premiers apprentissages de la prudence s'opèrent très tôt avec les moyens du bord. Qu'est-ce qu'on a en stock tout petit ? Je rappelle que, dès la naissance, *le croco et le mouton* sont en pleine forme dans notre boîte crânienne. Autrement dit le cerveau reptilien et le cerveau limbique sont déjà parfaitement opérationnels… Il va bien falloir faire avec.

Les expériences désagréables sont donc mises en mémoire au fur et à mesure que l'enfant parvient à établir des liens de cause à effet. Ces liens sont simples quand la situation est simple, c'est-à-dire quand il n'y a qu'un seul paramètre en jeu. Si par exemple un enfant se fait gronder quand il joue avec des allumettes, et si l'événement se répète quelques fois, l'enfant va probablement faire le lien entre se faire gronder et jouer avec des allumettes. Il va acquérir non pas la peur du feu mais la peur de se faire gronder. S'il se brûle en jouant avec des allumettes, la sanction change mais il apprend quand même que les allumettes, c'est dangereux. Il risque la brûlure ou la réprimande. Mais, quel que soit le désagrément, il y a dans cet exemple un seul paramètre qui entre en jeu : les allumettes. Donc l'enfant sait avec justesse ce dont il doit se méfier. Mais…

Souvent les situations sont plus complexes, elles comportent plusieurs paramètres. Il peut alors devenir compliqué de déterminer quel est le vrai paramètre, ce qu'on appelle le « paramètre actif ». Pour bien comprendre ce qu'est un paramètre actif, je vous propose de considérer le proverbe suivant : *« Chat échaudé craint l'eau froide. »*

Ce proverbe est mal connu mais il est très connu. Je dis qu'il est mal connu parce que beaucoup de gens pensent que cette petite phrase se termine par « chaude » au lieu de « froide ». Et pourtant… Il y a effectivement une certaine logique à penser que lorsque l'on a été échaudé (littéralement, brûlé par un liquide) c'est l'eau chaude que l'on craint. Mais nous y voilà, il y a deux paramètres dans la situation : le liquide et la température. Or, l'enfant ou le chat (animal très peu néocorticalisé par ailleurs, même à l'âge adulte) n'a pas la maturité intellectuelle pour considérer les deux paramètres et distinguer celui qui est actif de celui qui ne l'est pas. Alors l'individu naturellement immature, procède par amalgame. Son cerveau limbique groupe la situation complexe et intègre sans discernement une méfiance par rapport à un ensemble diffus. La chaleur étant plus abstraite que l'eau, le chat retient que « ce machin » fait mal, sans se soucier de la température. Cette peur irrationnelle pourrait même le conduire, pour éviter de l'eau froide, à faire un écart brutal et se brûler sur un poêle à bois par exemple. De fait, pour éviter ce qui nous fait peur, nous nous brûlons parfois à autre chose.

Le cerveau limbique fonctionne donc de façon superstitieuse. L'accès à la logique est très sommaire dans ce cerveau qui est fait pour s'adapter aux choses connues et simples. Or, la réalité d'un adulte est souvent faite de nouveauté et de complexité. Mais le limbique ne lâche pas facilement prise. Il n'est pas si fréquent qu'il passe simplement le relais au néocortex. Le plus souvent, il s'accroche à ce qui ressemble à du connu. Les points d'ancrage au connu sont :

1 • des croyances (manifestations cognitives des conditionnements) ;
2 • des habitudes (manifestations comportementales des conditionnements).

Parmi les caractéristiques du mode limbique, il y a l'insécurité vis-à-vis de l'inconnu. Autant dire que la peur de l'inconnu est une composante intrinsèque du mode limbique.

À partir de ce constat, il semble difficile d'estimer un risque sans que le cerveau limbique s'immisce en court-circuitant une réflexion intelligente. Mais je le répète, cela s'apprend.

Comment estimer un risque ?

Si tu peux être dur sans jamais être en rage,
Si tu peux être brave et jamais imprudent,
Si tu sais être bon, si tu sais être sage
Sans être moral ni pédant.../...
Tu seras un homme, mon fils [8]

[8] Extrait du poème *Tu seras un homme mon fils*, de Rudyard Kipling.

Bravoure et prudence sont-elles conciliables ? Le brave qui manque de prudence fonce dans l'action en sous-estimant les risques. Et le prudent qui manque de bravoure ne fait rien, en surestimant les risques qu'il ne prend pas. À ces deux extrêmes se situent le casse-cou et l'anxieux chronique. Aucun des deux ne mesure les risques avec son intelligence.

Peut-être pouvons-nous nous inspirer des professionnels du risque. Par exemple, en montagne, il est vital de pouvoir calculer les risques avec rigueur et précision. La nivologie est une science qui étudie la neige. Bien qu'elle ne soit pas infaillible, elle est des plus utiles pour calculer les risques d'avalanche. Ainsi dans les calculs que font ces spécialistes, on considère divers critères de risque tels que l'épaisseur et la structure du manteau neigeux, l'inclinaison de la pente, l'orientation des vents et quelques autres… À partir de ces données, le risque est calculé de façon relativement complexe. Mais ce qui est simple et facilement transposable en plaine et dans la vie de tous les jours, c'est que tout risque est une composante de deux concepts simples :

1 • la probabilité qu'un événement préjudiciable survienne ;
2 • la gravité du préjudice.

C'est en croisant ces deux axes que l'on peut mesurer un risque.

Probabilité x Gravité = Risque

Un seul paramètre est insuffisant. Ce qui signifie que, si vous avez 99 chances sur cent d'avoir une égratignure, le risque est faible. À moins que vous soyez hémophile… Et si vous avez une chance sur cent de mourir, prendrez-vous ce risque ? Et *quid* de la roulette russe avec une seule balle dans un barillet de six ?

Et *quid* du risque zéro dont on dit qu'il n'existe pas ? Eh bien si, il existe. Une preuve ? Le risque d'une avalanche de neige dans la Beauce est nul. Et si vous avez encore des doutes, j'ajoute que pour moi être enceinte demain est un risque zéro.

Pour estimer un danger, il convient donc de se demander quelle est la gravité en cas de pépin. Puis il faut ensuite se demander quelle est la probabilité que le pépin survienne.

Dans la plupart des peurs, ce questionnement est avorté. Il est soit très sommaire, soit inexistant. Cette « paresse » d'estimation est liée au mécanisme psycho-émotionnel de la peur.

D'une part, le cerveau limbique n'est pas propice à cette introspection. L'évitement est double : il n'est pas que comportemental, il est aussi cognitif. Ce qui signifie que ni le corps ni l'esprit n'explorent l'objet de la peur. Spontanément, la tendance veut qu'on ne pense pas et qu'on n'agisse pas. Comment donc estimer un risque avec discernement? Heureusement cette tendance à l'évitement peut être contrecarrée.

D'autre part, la peur est en général vécue dans l'état de Fuite. Or, je rappelle un des symptômes de cet état: la confusion mentale. Il est donc doublement difficile de réfléchir quand on a peur.

– *Allez, viens!*
– *Non, je te dis.*
– *Mais qu'est-ce que tu risques?*
– *J'en sais rien. Me prends pas la tête!*

Il n'est pas rare que la communication tourne court face à quelqu'un qui a peur. Il arrive que l'interlocuteur qui n'a pas peur insiste en portant un jugement péjoratif, tant les arguments d'évitement sont sommaires ou incohérents. Il est banal aussi que, pour justifier son évitement, la personne craintive utilise la mauvaise foi pour qu'on n'insiste pas.

La peur a donc aussi quelques inconvénients sociaux. Non seulement notre environnement peut nous juger (et contrarier notre besoin de reconnaissance donc), mais la peur empêche aussi de partager tranquillement avec nos proches.

Alors, on fait quoi ? On y va ? « P't-être ben qu'oui, p't-être ben qu'non »… L'indécision profite à l'évitement. Comment faire un vrai choix ?

Éviter ou affronter ?

Le jeu en vaut-il la chandelle ? Cette expression vient de la fin du Moyen Âge. Comme les gens s'éclairaient à la chandelle, les joueurs de cartes dans les tavernes se demandaient si leurs gains suffiraient à payer l'éclairage.

Certes, la vie n'est pas un jeu de cartes. Elle comporte pourtant une grande part d'inconnu. Quelle part doit-on laisser au hasard ? Peut-on augmenter la probabilité de réussir ? Que faire du doute quand vient le moment de choisir ?

La farine est au gâteau ce que l'inconnu est à la peur. L'inconnu est l'ingrédient de base de la peur. Il lui donne sa consistance. Comment avancer dans la vie avec autant d'incertitude ?

Apprendre à estimer les risques est essentiel mais il faut aussi savoir ce que l'on veut. Tous les jours sur chacun des plateaux de nos balances, nous avons à déposer des enjeux.

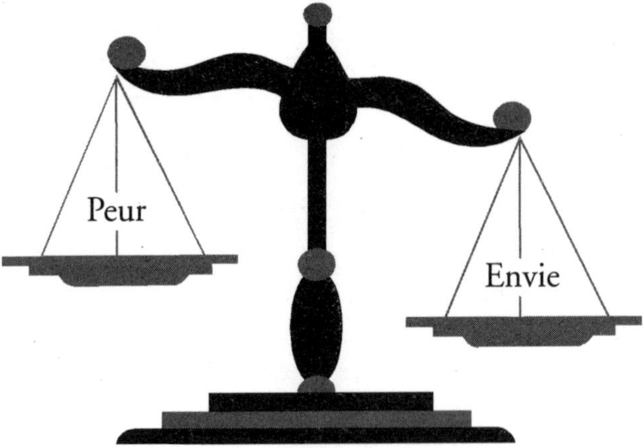

Quel prix sommes-nous prêts à payer pour vivre une vie qui a du sens ?

Martine a 35 ans. Elle a quitté l'école très tôt. Cela fait presque vingt ans maintenant qu'elle travaille huit heures par jour en usine. Du lundi au vendredi, elle dit qu'elle s'ennuie, qu'elle s'abrutit à vérifier sur un tapis roulant s'il y a des pièces défectueuses. Martine en a marre. Mais elle dit que changer de boulot c'est compliqué, dangereux, incertain. Cette perspective l'attire et lui fait peur. Alors simplement de temps en temps, elle se plaint.

Il se peut en effet que ce ne soit pas simple de changer de travail. Pour ce qui est de l'incertitude et la dangerosité, cela mériterait d'être considéré avec sérieux. Mais quoi qu'il en soit, changer de travail est quelque chose dont elle ignore tout. Elle est dans l'inconnu.

• Combien ça pèse ?

Choisir est un art délicat. On peut regretter qu'on ne nous donne pas de repères plus clairs dans notre éducation pour apprendre comment faire des choix. Mais il n'est pas trop tard pour gérer nos dilemmes en y incluant nos peurs.

Pour bien choisir, il faut savoir comparer, mettre sur la balance et peser. Mais qu'y a-t-il de chaque côté de la balance ? Des enjeux. Des « choses » qui comptent plus ou moins. Des « choses » qui pèsent combien ?

En considérant une peur, il convient notamment de mesurer (peser) les avantages et les inconvénients de l'évitement, mais aussi les avantages et les inconvénients de l'affrontement. Et, si on veut y voir clair, il faut se poser la question de façon aussi systémique que possible. Pour avoir une vision systémique (voir le système dans son ensemble), il faut lever le nez du guidon, essayer de voir loin et large. On peut par exemple considérer les conséquences d'un acte :

- pour soi, pour les autres… ;
- à court, moyen, long terme ;
- dans le domaine personnel, professionnel, familial…
- sur le plan matériel, sur le plan psychologique ;
- etc.

Considérer des enjeux, c'est se confronter à des valeurs. Nous avons tous des valeurs et nous donnons de la valeur à tout ce qui nous entoure. C'est ce que nous faisons plus ou moins consciemment tous les jours. Que vous préfériez la framboise et non la pêche ; que vous votiez à gauche ou à droite, quels que soient vos critères de choix, ils sont assujettis à vos valeurs. À moins que…

À moins que vous ayez un hypo sur l'estimation, sur le jugement. Dans ce cas, les choses se compliquent car l'évitement du jugement conduit à exprimer une indétermination, des *pourquoi pas*, des *comme tu veux*… Cette adaptabilité systématique flirte avec le déni de soi. Il ne peut y avoir de vrai choix sans une claire conscience de ce que je veux.

Il est vrai que, dans un contexte social, ce que l'on veut peut s'opposer à ce que veulent d'autres personnes et qu'il y a là les germes d'un conflit. Les conflits sont pourtant nécessaires si tant est qu'on sache les gérer intelligemment. Mais beaucoup de gens ont peur des conflits. Alors, pour éviter cette adversité et la rencontre des différences, certaines personnes adoptent très tôt une attitude soumise. Certains savent ce qu'ils veulent mais n'osent le dire. D'autres, plus bloqués, sont même incapables de savoir quelle est leur préférence.

À la base du choix donc… le désir (ou ses variantes, l'envie et le besoin). C'est l'élan premier, l'énergie, le moteur. Et puis il y a aussi les freins. Les énergies positives et négatives peuvent venir de vous ou bien des autres. Elles sont dites endogènes (venant de l'intérieur, de soi-même donc) ou exogènes (venant de l'extérieur, de l'environnement, des autres).

LES MOTEURS		**LES FREINS**	
Endogènes	**Exogènes**	**Endogènes**	**Exogènes**
Mes envies Mes besoins Mes valeurs Mes hypers	Les opportunités, une bonne conjoncture Les encouragements, les conseils de mes proches Les envies convergentes de mon entourage	**Mes peurs** Mes désirs contradictoires Mes hypos Les risques psychologiques	La désapprobation des autres Une mauvaise conjoncture Les risques objectifs

Un bon choix doit tenir compte d'un ensemble souvent complexe de paramètres. Chacun devrait être pesé pour voir au final où penche la balance. Ce calcul, cette réflexion peuvent sembler fastidieux. Parfois l'intuition fait un bout de travail. Mais, sans un minimum de rigueur, lorsque des peurs sont incluses dans l'enjeu, le cerveau limbique prend vite les commandes et fait un calcul simpliste qui ne fait entrer dans le compte qu'une seule partie des données. Le limbique est partial.

Sans ce genre d'« enquête » rationnelle, le vécu émotionnel de la peur occulte le reste des enjeux. Il en résulte presque toujours l'évitement. Dans ce refuge facile dans le connu, la peur triomphe en se nourrissant d'elle-même puisque l'inconnu n'a pas été exploré.

Pour oser braver une peur, il faut une motivation forte, plus forte que la peur qui s'y oppose. Il faut littéralement **faire le poids**! Alors, presque mécaniquement, le travail sur la peur consistera à influencer la balance de l'une ou l'autre de ces manières:

1 • ajouter du poids sur le plateau de l'envie (motivation) ;
2 • enlever du poids sur le plateau de la peur ;

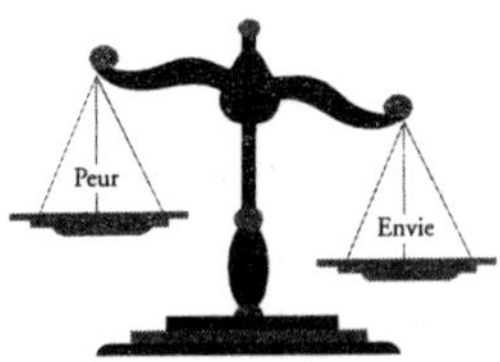

Dans les deux sens, il faut acquérir une claire conscience du poids de chacun pour acquérir :

1 • la détermination pour agir ;
2 • la lucidité pour faire face aux obstacles.

• Audace et sécurité sur la balance

La peur est la voix par laquelle on réclame de la sécurité. Alors quelle logique sécuritaire est-elle en jeu quand nous avons peur ? Il est clair qu'elle varie d'une personne à l'autre, d'un contexte à un autre, d'une peur spécifique à une autre. Cependant, on peut quand même sérier des niveaux de peur selon la logique maslowienne.

Les niveaux de besoins décrits par Maslow correspondent à des préoccupations qui varient dans le temps. Ainsi, si vous êtes en train de vous faire plaisir en jouant de la musique, il est probable que votre activité corresponde au niveau 4 ou 5 de la pyramide des besoins (niveau 4 si vous jouez pour plaire à un public, niveau 5 si vous le faites pour le plaisir que vous procure l'activité en elle-même). Or, entre deux accords de piano, il se peut que vous vienne l'envie (le besoin, en fait) d'aller uriner. À un moment précis, la pression devient telle dans votre vessie que le besoin accède à votre champ de conscience au travers d'une sensation d'urgence. En une fraction de seconde, vous êtes descendu(e) au premier niveau de la pyramide. Vous pouvez choisir de vous retenir quelque temps. Il y a alors une tension intérieure que vous gérez en donnant la priorité à votre passion musicale. Mais les besoins nous tirent vers le bas et vous ne pourrez pas refouler longtemps votre envie de « pisser ». Elle aura raison de la plus obsédante des passions. Que vous le vouliez ou pas, vous vous viderez de ce trop-plein d'urine. Autant que ce ne soit pas dans votre pantalon !

Il y a donc des cycles de besoins. Ils rythment nos jours et nous passons souvent d'un niveau à l'autre. Mais il y a aussi une autre logique dans cette pyramide. En fonction de notre histoire personnelle, nous sommes plus ou moins bien construits et stabilisés dans un niveau de besoins. Il est à nouveau question de conditionnement.

Ainsi, en fonction d'une insécurité précoce et chronique, certains d'entre nous restent « bloqués » à un niveau de besoins. Ce peut être le premier, le deuxième, le troisième ou le quatrième. Le niveau défaillant est depuis toujours vécu comme une source d'inquiétude car le manque fut récurrent pendant une longue période plus ou moins traumatique. La peur du manque peut être physique, matérielle, sociale ou affective. Il y en a pour tous les niveaux de la pyramide de Maslow.

Alors, dans la balance, peuvent venir se percuter la perspective d'un emploi plus intéressant et la peur du chômage. Chez une personne fragilisée au deuxième ou au troisième niveau, le choix peut être particulièrement difficile et la peur plus grande. Il y a en nous des fragilités plus chroniques. C'est sur elles que s'appuient nos peurs les plus grandes.

Cela signifie que pour envisager de s'épanouir sereinement, il faut consolider les niveaux fragilisés. Sans fondations résistantes et stables, on ne peut construire ni un monument ni soi.

• Confiance et méfiance sur la même balance

Il n'est pas besoin d'une grande démonstration pour faire des liens entre peur et confiance. L'insécurité, répétée durant la petite enfance, impose la méfiance. Un environnement perçu comme inquiétant ne peut donner confiance :

- ni en les autres ;
- ni en soi ;
- ni dans la vie.

Il y a bien des compensations qui s'opèrent. Il arrive que l'insécurité ambiante amène certains individus à considérer que l'« on ne peut compter que sur soi-même ». Souvent, ce système autonomiste est exagérément protecteur. En survalorisant la force solitaire, il conduit à un repli sur soi. Ce syndrome rigide engendre une kyrielle d'hypos : la dépendance (demander de l'aide est impossible), la faiblesse (refoulement des émotions), la sensibilité (carapace sentimentale), la confiance (on reste sur ses gardes)… Il ne laisse pas beaucoup de place au partage, à l'interdépendance, à l'écoute et l'expression de soi…

Quand la peur est incrustée précocement dans la personnalité, elle gagne par contagion plusieurs secteurs de vie, parfois tous. On a là les germes d'un tempérament anxieux. Les confiances s'érodent et l'on prend de moins en moins de risques.

• Le non-risque n'existe pas

Choisir c'est renoncer. Ce n'est pas uniquement cela bien sûr, c'est aussi le rappel que sur la balance il y a deux plateaux. Il arrive que nos intelligences parviennent à trouver de très alléchants compromis mais il n'en demeure pas moins que le beurre, l'argent du beurre, le sourire de la crémière et l'assentiment du crémier… il vaut mieux apprendre à renoncer avoir le tout. Les égoïstes chroniques et les délinquants arrivent parfois à obtenir beaucoup mais ils n'auront jamais la quiétude des relations équitables. Il faut donc apprendre à renoncer car choisir, ce n'est pas seulement obtenir les bienfaits inclus dans notre choix, mais c'est aussi renoncer aux bienfaits exclus par ce même choix. Des deux plateaux de la balance, en choisir un (celui qui pèse le plus lourd ou pas) conduit à renoncer à l'autre.

En choisissant le plateau de l'évitement de l'inconnu, en cédant donc au diktat de la peur, la personne craintive a l'impression de ne pas prendre de risque. C'est un leurre dont le limbique est friand. En fait la personne qui n'ose pas prend un risque : celui de rester dans l'ignorance et de ne pas connaître le résultat de son audace. Et si ce type de choix est répétitif, alors elle prend inconsciemment le risque de ne rien découvrir d'autre dans la vie que ce qu'elle connaît déjà.

Par extension, « ne jamais prendre de risque » revient à prendre énorme risque : ne presque rien connaître de la vie, passer à côté de la vie, rater sa vie.

Si vous faites une petite enquête dans votre entourage, il est fort probable que celle-ci confirme statistiquement les résultats d'une étude sur le regret. Dans les nombreux exemples cités dans le sondage, les personnes interrogées ont massivement répondu qu'elles regrettent rarement ce qu'elles ont fait. Ce que nous regrettons, c'est ce que nous n'avons pas osé faire.

• Savoir renoncer

Ce livre n'est pourtant pas vraiment un plaidoyer pour l'audace. Faire le bon choix, ce n'est pas toujours oser. Du moins, je propose de considérer deux choix au lieu d'un seul.

Il y a oser ou ne pas oser agir. Mais il y a aussi oser ou ne pas oser se poser les bonnes questions pour savoir si l'on doit agir ou ne pas agir. Autrement dit, face à chacune de nos peurs, il y a deux audaces à considérer. Et j'incite vivement à oser au moins l'une des deux, chronologiquement, la première : regardez votre peur en face et posez-vous des questions sur les enjeux qui impliquent votre peur. Seulement après avoir considéré, pesé les enjeux de la situation, seulement là vous pourrez choisir d'agir ou de ne pas agir. Et si la balance penche franchement vers l'évitement, évitez tranquillement de prendre un risque trop important. Il faut parfois du courage pour renoncer.

Sylvain a 17 ans. Ces copains le mettent au défi de sauter d'un pont au-dessus d'une rivière. L'eau n'a pas l'air très profonde et le pont la surplombe d'une dizaine de mètres. Doit-il prendre le risque de sauter ? Et que se passera-t-il si les copains lui mettent la pression ? Pas chiche !…

Sur un des plateaux de la balance, il y a un enjeu grégaire. Au niveau 3 de la pyramide des besoins, ce peut être un rituel d'intégration : « Si t'es un homme, tu le fais. » Au niveau 4, ce peut être valorisant : « Si t'es le plus courageux de nous tous, tu sautes. »

Sur l'autre plateau de la balance, il y a un enjeu beaucoup plus bas dans la pyramide de Maslow. L'intégrité corporelle de l'adolescent est en jeu. Selon la profondeur de l'eau, il risque de se blesser, ou mourir peut-être : niveau 1 dans la hiérarchie des besoins.

Faut-il sauter ? Faut-il du courage pour sauter ? Faut-il du courage pour ne pas sauter ?

Choisir c'est renoncer. Renoncer à la sécurité et à ses bénéfices ou renoncer à l'insécurité et ses bénéfices. Il y a un choix à faire. Lequel ?

Souvent, le choix se présente sous une forme binaire. On gagne beaucoup à sortir de ce piège simpliste. Parmi les caractéristiques du mode néocortical, il y a nuance et relativité.

Comment relativiser et diminuer un risque ?

Pour relativiser un risque, il suffit souvent de le considérer, d'ouvrir ses yeux, ses oreilles, tous ses sens pour observer ce qui est en jeu. Pour diminuer un risque, il convient de sortir de l'ignorance et d'augmenter ses ressources pour mieux connaître le sujet dont on a peur. Pour le reste, il s'agit de sécuriser les conditions d'affrontement.

Ainsi, l'ado sur le pont aurait intérêt à descendre à la rivière en marchant, à y aller physiquement et à vérifier par lui-même la profondeur de l'eau sur toute la largeur. Se renseigner auprès de ceux qui l'ont déjà fait pourrait lui apporter de précieuses informations, si tant est que les informateurs soient dignes de confiance. L'idée est de rechercher des ressources fiables.

Pour prendre un autre exemple emprunté à un vieux tabou, les gens qui ont peur de la sexualité en ont une image très déformée, très éloignée de la réalité. Peut-être quelques extraits de films pornographiques ont consolidé cette image. Le machisme ambiant en a rajouté une couche. La religion a introduit une culpabilité qui a verrouillé la curiosité…

Certaines personnes se retrouvent vierges à 30 ou 40 ans. Pourtant, nombreux sont ceux qui, malgré leur blocage, aspirent à une vie affective et amoureuse. Soit ils la rêvent asexuée (c'est l'évitement simple et pas très réaliste), soit ils mettent la sexualité sur un plateau de la balance et font plus ou moins face à leur peur, en espérant que la perspective de l'amour partagé fera contrepoids.

Cette peur, comme la plupart des autres, doit être appréhendée d'abord cognitivement. On commence par s'informer, lire, discuter, partager, recueillir l'expérience des autres. Mais, pour discuter, il faut vaincre la honte. Malheureusement, les personnes bloquées ont souvent honte de leur blocage. C'est pourquoi il faut être assez stratège dans la démarche d'ouverture. Il est important notamment de bien choisir les interlocuteurs avec qui on va oser se livrer peu à peu. Ces partenaires de libération doivent cumuler des qualités pas si répandues, hélas. Ils doivent être compréhensifs, à l'écoute, patients… j'arrête la liste pour ne décourager personne. Si, j'en ajoute quand même une autre : il est préférable que cette personne n'ait pas le même blocage que vous. Cependant, si c'est le cas, cela n'empêche pas de lever le voile. C'est déjà ça et vous ne vous sentirez pas jugé(e). Mais l'inconvénient est que, dans la conversation, la personne ajoute ses propres préjugés aux vôtres. L'idéal serait donc que la personne soit libre là où vous ne l'êtes pas et que sa liberté ne soit pas trop proche de ce qui vous choque. Dans les résonances d'hypo, il vaut mieux que vous l'admiriez plutôt qu'elle vous agace.

Même s'ils ne sont pas nombreux, nous connaissons tous quelqu'un qui possède ces qualités. Si ce n'est pas le cas, il vous reste la ressource de confier votre peur inopportune à un professionnel. Mais les bons psychothérapeutes organiseront avec vous la prise de relais par votre entourage. Dans la thérapie, nous construisons à deux les conditions d'une future autonomie.

Confident, professionnel, articles dans des revues spécialisées, livres, documentaires, films, Internet, associations, etc., toutes les ressources sont les bienvenues si elles sont de qualité. Or, les personnes craintives et bloquées ont besoin d'aide pour mesurer la qualité des sources d'information. Leur ignorance du sujet ne leur a guère permis d'user de discernement dans le secteur bloqué.

Comment choisir une bonne voiture quand on a un hypo sur la mécanique ? Comment choisir un bon psy quand on a un hypo sur la psychologie ? Mon premier psychothérapeute introduisit pour moi le concept d'« outil à décoller pris dans la colle ». Vous concevez probablement qu'un psy puisse vous aider à résoudre un problème psychologique. De la même manière qu'un garagiste puisse réparer votre voiture.

Vous consultez logiquement un professionnel. Mais, imaginez que, parmi vos problèmes psychologiques, il y a un hypo sur la psychologie. Qui peut alors vous aider à le résoudre ? Un psy ? Trop suspect, vu par une personne en hypo sur le sujet ! L'outil à décoller est pris dans la colle. Pour décoller l'outil à décoller, il faudrait se servir de l'outil mais il n'est pas accessible car pris dans la colle. La boucle est bouclée. Le démineur est miné.

Sans faire de prosélytisme ou promouvoir exagérément notre profession, je pense cependant qu'un professionnel des peurs et des blocages peut être une ressource précieuse, parfois indispensable pour résoudre certains problèmes. Encore faut-il pouvoir avoir accès à cette ressource spécialisée.

Chaque peur a sa spécificité bien sûr mais la peur du psy est à peu de chose près une peur comme les autres. Elle s'appuie sur une ignorance relative ou totale. Certaines personnes tentent de légitimer leurs évitements en s'appuyant sur une ou deux expériences censées faire office de loi statistique. « Moi, ma sœur elle est allée voir un psy et ça n'a rien fait. Vous voyez bien que ça ne sert à rien. »

Pour diminuer un risque, il faut s'informer le plus largement possible. L'information qualitative et quantitative permet de faire des choix. En ouvrant l'éventail des choix, on s'offre des alternatives dont le risque varie.

Acheter la première voiture qui passe augmente le risque qu'elle ne nous convienne pas. En revanche, aller dans plusieurs garages, chez plusieurs concessionnaires, consulter les annonces sur Internet, en parler autour de soi et faire fonctionner le bouche-à-oreille… cet ensemble de démarches augmente le choix et diminue ainsi les risques d'acheter n'importe quoi.

Plus on avance dans les démarches actives, plus la peur se dissipe. L'inconnu se fait connaître dans l'information et l'action. La peur de l'inconnu disparaît dans la rencontre.

Quand je t'ai vu de loin, j'ai cru voir un monstre
Quand je t'ai vu approcher, j'ai reconnu un homme
Quand tu m'as tendu la main, j'ai découvert un frère[9]

Ce qui est vrai pour une voiture l'est aussi pour une thérapie. Il me paraît essentiel de se donner les moyens de choisir. La bonne personne avec la bonne méthode, au bon moment, voilà quelques clés pour bien avancer sur le sentier escarpé du développement personnel. Il existe beaucoup de méthodes différen-

[9] Paroles anonymes trouvées sur les murs du siège de l'association « Terre des Hommes ».

tes, cette diversité peut sembler déstabilisante. Il existe des revues, des livres, des sites Internet… qui expliquent les différences, les fondements, les pouvoirs et les limites de toutes ces méthodes thérapeutiques. Laissez-vous séduire par une approche en la trouvant mieux adaptée pour vous qu'une autre. Et si vous avez des doutes, testez-en deux ou trois. D'autant qu'il vous faudra aussi sentir qui vous met le mieux en confiance. Pour choisir un joli vêtement, vous n'allez pas dans un seul magasin, n'est-ce pas ? Alors pourquoi confier votre âme à n'importe qui ? Choisissez vraiment !

Lorsque le risque est diminué, la question de savoir si on ose ou pas n'est plus la même.

3

Que faire de ma peur ?

Vos expériences de vie vous ont sûrement donné quelques réponses à cette question. Pourtant, si vous avez choisi de lire ce livre, il est probable que d'autres réponses vous soient nécessaires. Dans les chapitres précédents (qui décrivent les mécanismes de la peur), il y a déjà quelques éléments de réponse. Voici maintenant un chapitre plus pragmatique dont l'enjeu est de se libérer du poids de nos peurs.

Un itinéraire balisé

Puisque la peur est largement associée à une exposition à l'inconnu, on appréciera de connaître une méthode pour y faire face. Voici quelques repères méthodologiques pour avancer dans la vie et faire face à nos peurs.

Cheminer sereinement dans l'incertitude est le fruit d'une grande maturité. Pour grandir dans cette perspective, il faut pourtant des repères. Est-ce si paradoxal qu'il faille connaître pour explorer l'inconnu ? Une des lois fondamentales pour affronter la peur est l'exposition progressive. Dans le respect de cette loi, voici un peu de connu pour s'exposer à l'inconnu. Commençons par ces quelques étapes dont la chronologie est essentielle :

1 • il nous faut d'abord **reconnaître la peur** ;
2 • puis l'**accepter** ;
3 • ensuite **réfléchir**, considérer les enjeux, mesurer les risques ;
4 • et **décider** d'oser ou d'éviter ;
5 • dans la perspective d'une action, **définir un plan** ;
6 • enfin, si l'on a décidé d'oser, il faut **agir** avec prudence et stratégie.

Au final, n'oubliez pas de vous **réjouir** et de vous **féliciter** car il n'y a rien dont nous ne soyons plus fiers que d'avoir bravé nos peurs. Réussir dans le champ du connu n'est pas sans mérite. Mais affronter bravement l'inconnu, c'est un vrai courage qui anoblit la peur.

Reconnaître ma peur

J'espère qu'à ce stade de votre lecture, vous êtes un peu plus convaincu(e) que l'autruche n'est pas moins en danger en s'enfouissant la tête dans le sable.

La sensation de peur n'apparaît à la conscience que lorsque les manifestations de la peur ont atteint un seuil. Ce seuil varie beaucoup d'une personne à l'autre. Il faut une bonne écoute de soi (des messages du corps, en particulier) pour déceler la peur avant qu'elle ne devienne handicapante. Il est plus facile de faire face à un petit problème décelé précocement qu'à un problème plus grand parce qu'on l'a laissé dégénérer, consciemment ou pas.

Oui mais voilà, il y a la peur de la peur. Elle empêche parfois de déceler l'émergence de l'émotion et donc de réagir de façon plus préventive sans attendre que la peur inhibe trop nos ressources intelligentes.

• La peur de la peur

La peur de la peur conduit souvent au déni. Au déni conscient quand la personne sait qu'elle a peur et qu'elle ne veut pas que son émotion soit perçue par les autres. Au déni inconscient quand le seuil de reconnaissance est élevé et qu'il y a un processus de refoulement.

La peur de la peur est plutôt sociale. Elle est assujettie à un dénigrement, à un jugement de valeur qui a un rapport direct avec la honte.

LA HONTE

Le spectre du trouillard est tapi dans les recoins de nos sociétés. Il y a en chacun de nous un écho individuel à l'injure lancée par le groupe à l'être qui a peur. Un reliquat archaïque persistant veut que l'individu craintif soit voué à la soumission et donc condamné à occuper une place peu enviable dans le groupe social. On comprend mieux alors qu'il y ait en nous un mécanisme bien rôdé dont le but est de cacher nos peurs.

« Même pas peur ! »

Alors nous dépensons une énergie considérable à masquer cette émotion. Cette adaptation n'est pas sans lien avec le système de dominance qui conditionne encore les relations humaines. Les rapports de force, même s'ils s'exercent de façon plus subtile qu'à la préhistoire ou au Moyen Âge, occupent encore une place très importante dans les interactions humaines en ce début de troisième millénaire.

Alors nous avons pris l'habitude de masquer nos peurs. Il est amusant de constater que les dominants sont souvent ceux qui la masquent le mieux, et non ceux qui l'éprouvent le moins. Cependant, sans véritablement sortir de ce système d'apparat où le pouvoir social est un enjeu de taille, il est assez plaisant de constater l'impact séduisant et valorisant de ceux qui s'affirment dans leur peur.

« Oui j'ai peur. Et je vais braver ma peur. » Cette forme d'expression nous donne une version plutôt moderne du courage. Elle offre une alternative sensible à la force. De fait, le courage ici est double, puisque la personne affronte deux peurs :

- la peur de l'objet considéré (le danger en question) ;
- la peur du jugement social (la peur de la peur : la honte).

La puissance qui se dégage de ce *coming out* émotionnel fascine secrètement les dominants qui cachent habilement leurs peurs. Il y a un contraste étonnant dans le mélange d'humilité et de force de la personne qui assume. Cette forme de reconnaissance publique de la peur nécessite hélas une affirmation de soi que trop peu de gens possèdent. Je ne l'évoque pas tant comme modèle à reproduire mais surtout pour assouplir les représentations et participer à ébranler les croyances limitantes qui conditionnent l'image sociale de la peur.

Peu de gens ont honte d'être enrhumé. Tant mieux ! De la même manière, il n'y a aucune raison valable d'avoir honte d'avoir peur. Et nous venons de voir qu'il y a même matière à être fier d'assumer sa peur.

Malheureusement, le principal ennemi des anxieux et des phobiques, c'est la honte. Non seulement ils dépensent une excessive énergie à éviter les situations anxiogènes, mais surtout ils se compliquent énormément la vie en essayant de dissimuler leur peur aux autres. Beaucoup se réfugient dans la consommation d'alcool ou d'anxiolytiques. On n'est coupable ni de sa peur ni de cette consommation plus ou moins désespérée. En revanche, il est une responsabilité que l'on peut décider de prendre, c'est de se mettre en recherche d'alternatives de soin.

Mais la peur de la peur n'est pas toujours grégaire. Elle n'est pas systématiquement une anxiété sociale. Elle est parfois liée à la dramatisation des symptômes de l'émotion.

LE LARSEN ÉMOTIONNEL

Peut-être avez-vous déjà entendu ce bruit strident et violent sur une scène de spectacle.

Le larsen est un phénomène acoustique désagréable qui résulte du fait qu'un micro directionnel est orienté vers un haut-parleur relié à un amplificateur. Le son capté par le micro ressort amplifié du haut-parleur. Ce son puissant est capté à nouveau par le micro, puis amplifié encore… Le phénomène se renforce de lui-même. Les oreilles dérouillent. La boucle se boucle perpétuellement tant qu'on ne coupe pas ce circuit fermé sur lui-même.

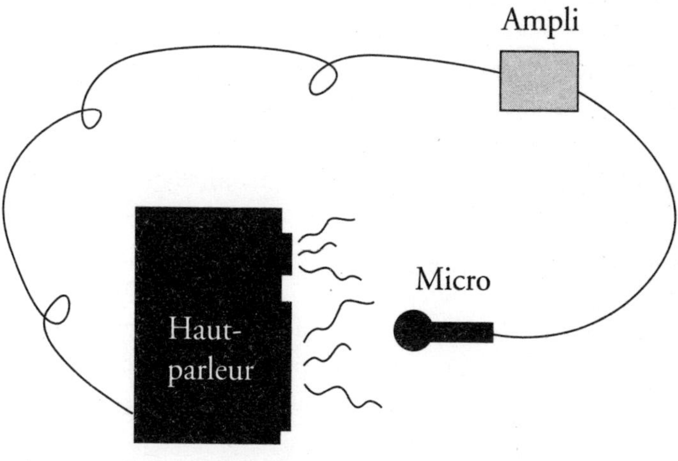

En cybernétique, c'est ce qu'on appelle un système en tendance. Cela signifie qu'il ne s'autorégule pas. Lorsque le trouillomètre est déréglé, il est impératif de le régler mieux. Sur le plan psychologique, c'est ce qui se passe dans la crise de panique. Lorsque des symptômes de peur (Fuite reptilienne) sont captés par le limbique qui déroule par exemple un programme moraliste du type : « C'est nul de bafouiller. Un peu de tenue, que diable ! » La prédominance du mode limbique augmente le stress, et l'injonction contraignante augmente l'intensité de l'état de Fuite. Les symptômes sont donc plus forts et la personne bafouille davantage. Le limbique trouve ça d'autant plus intolérable, alors il râle plus fort et contraint encore et encore. Ce qui augmente les symptômes de Fuite, etc. La boucle est bouclée.

L'expression « péter un plomb » pourrait sembler adaptée dans la crise de panique. L'image n'est pourtant pas très juste. Quand un fusible saute (un plomb pète), il évite la crise car tout s'arrête. Alors que, dans la peur de la peur, le système s'emballe dans une suractivité psychoémotionnelle. Sans se focaliser sur l'extrême de l'attaque de panique, toutes proportions gardées, il n'en demeure pas moins que nos peurs sont souvent dramatisées et qu'elles nourrissent notre stress de façon quasi autonome. Il y a urgence à calmer l'urgence. Il faut rapidement dédramatiser l'émergence des symptômes.

Accepter ma peur

Le déni de la peur n'est pas sans rapport avec notre difficulté à l'accepter. En plus d'être dénigrée socialement, cette émotion nous fait perdre une partie de nos moyens. Comment alors faire corps avec la peur, jouer avec, surfer sur elle comme sur une vague qui va mourir ?

C'est le début du travail cognitif que de réfléchir à ce qui nous semble si intolérable dans ce constat que nous avons peur. Bien souvent, l'impuissance que la peur engendre introduit une révolte culpabilisante. En se jugeant soi-même, on concentre notre attention sur une surcouche aggravante de stress. En se focalisant dramatiquement sur les symptômes, il ne reste plus guère d'énergie pour rechercher les causes de la peur et la dissiper. C'est pourquoi il est essentiel de donner la priorité à l'acception de notre vécu émotionnel. Ne serait-ce que parce que ne pas lâcher prise augmente la peur.

Si l'on considère la peur comme dérangeante, alors considérons aussi les quatre types de réactions possibles face au dérangement. Souvent le limbique nous pousse à n'en considérer que deux. Cette vision simpliste occulte de dissocier deux axes :

1 • accepter/refuser ;
2 • agir/laisser faire.

• Quatre attitudes face à la contrariété

En croisant les deux axes précités, nous voici en présence de quatre réactions différentes.

	REFUS	ACCEPTATION
PAS D'ACTION	**Le râleur**	**Le renonçant**
ACTION	**Le guerrier**	**Le stratège**

Quelque chose vous dérange. Soit vous l'acceptez, soit vous le refusez. Quoi qu'il arrive, si vous refusez la réalité dérangeante, vous êtes stressé(e). Si vous l'acceptez vous êtes calme.

Dans le **refus**, vous pouvez ne rien faire pour changer ce qui vous dérange. Mais vous pouvez aussi agir pour transformer ce réel contrariant. Dans les deux cas, cette attitude fermée s'accompagne d'un état de stress.

1 • Dans le premier cas, vous prenez une position de victime. Que vous vous plaigniez ouvertement ou que vous gardiez votre plainte à l'intérieur, il n'en reste pas moins que vous ne faites rien pour changer ce qui vous semble intolérable. Vous endossez le rôle du **râleur**.

2 • Dans le second cas, vous vous battez contre l'adversité. Dans la position mentale et comportementale du **guerrier**, vous menez un combat en tension mais il se peut que vous parveniez à changer ce qui vous dérangeait. Vous tentez de passer en force dans l'espoir de triompher contre l'intolérable.

Dans l'**acceptation**, la réalité contrariante n'est pas intolérable. Vous tolérez ce qui est, indépendamment du fait que vous vouliez ou non changer cet état de fait. Cette attitude accueillante s'accompagne d'un état de calme.

3 • Si vous baissez les bras, vous pouvez tranquillement renoncer à ce que vous souhaitiez qui s'avère inaccessible ou bien trop coûteux. Le **renonçant** est une position très valorisée en Orient.

4 • Il est possible et souvent souhaitable d'accepter ce qui est et de vous donner les moyens de modifier une réalité qui ne vous convient pas. Le **stratège** incarne la force tranquille puisque c'est calmement et sans précipitation qu'il réfléchit à la façon dont il va s'y prendre pour résoudre un problème.

• Le deuil de la perfection

Bien que cette grille ne se confonde pas vraiment avec les étapes du deuil tel qu'on les décrit habituellement, il y a des convergences notoires. Lorsque la contrariété porte sur soi, quand nous ne sommes pas satisfaits de nous-même, il y a matière à faire le deuil d'être parfait. Beaucoup de gens souffrent d'une culture exigeante, voire intransigeante.

Dans les émotions dites négatives (la peur, la colère et la tristesse), il y a une démonstration de nos imperfections. Il y aurait beaucoup à dire sur ce qui empêche d'être *imparfaits, libres et heureux* [10]. Il est clair qu'une éducation perfectionniste peut accroître la spirale de la peur car elle tend à en dramatiser la survenue.

Quel luxe, quel beau mélange d'humilité et de sagesse que de pouvoir penser : « J'ai peur. Et alors ? »

Ce « et alors ? » est le sésame du travail cognitif. Il suggère que la réflexion remplace l'ignorance par la curiosité.

---

[10] Beaucoup à dire et à écrire en effet. Le psychiatre Christophe André en dit beaucoup dans son brillant best-seller *Imparfaits, libres et heureux*. Éd. Odile Jacob.

Réfléchir sur ma peur

La peur tend à inhiber la réflexion. Pour plusieurs raisons : symptomatique et reptilienne, si l'on pense aux manifestations de l'état de Fuite (cf. confusion mentale) ; mais aussi causale et limbique, si l'on se réfère aux conditionnements qui engendrent nos peurs (irrationalité, rigidité, simplisme, certitude...).

Le mythe de la spontanéité renforce le bastion des croyances limitantes et irrationnelles. Cette idée-là que l'*on doit faire comme on sent* tend à légitimer les évitements. Pas seulement les évitements concrets qui empêchent l'exposition à la situation redoutée, mais aussi les évitements abstraits qui interdisent de penser à nos peurs. La superstition est reine tant qu'on n'introduit pas un peu de réflexion logique dans le système de pensée.

• Savoir de quoi j'ai peur

Le premier type de pensée que la peur inhibe, c'est la conscience de l'objet de la peur. Cela peut sembler étrange qu'on ne sache pas de quoi on a peur, c'est pourtant extrêmement banal. Du moins, le niveau de réponse est souvent très superficiel.

Notons au passage que, pour se poser cette question-là « De quoi ai-je peur ? », il faudrait déjà être dans la configuration d'avoir reconnu et accepté sa peur. Cela explique en partie qu'il est rare d'avoir une conscience claire de ce dont on a peur. Il est pourtant essentiel de faire émerger le contenu de la crainte. Alors il faut questionner. Cette démarche intellectuelle et introspective est souvent perçue comme une « prise de tête ». Mais ce qui objectivement prend durablement la tête dans un étau psychologique, c'est cette paresse mentale que nous avons sous l'emprise de la peur.

Le limbique défend sa forteresse comme il peut. Le refus de l'effort de conscience est l'une des résistances possibles et classiques. Pour vaincre cette résistance, il faut patiemment répéter la question ou la formuler de manières différentes. En fonction de l'intensité de la peur, la présence d'un tiers peut être vivement recommandée, tant le cerveau limbique a l'art de noyer le poisson. Un ami ou un thérapeute peut jouer ce rôle délicat.

• Le questionnement socratique

Il n'est pas facile d'amorcer seul(e) ce qu'on appelle un questionnement socratique. Cette technique didactique consiste à poser des questions dans le but d'aider quelqu'un à aller puiser dans ses propres ressources pour apprendre. S'aider soi-même en matière d'introspection demande une assez longue pratique qui va de la dépendance vers l'autonomie. Mais, en psychologie, il y a toujours des angles où a priori on ne va jamais seul(e). Le recul d'un interlocuteur favorise cette exploration de l'âme. Le questionnement socratique permet d'aller en profondeur.

Cette dénomination provient de la façon d'enseigner de Socrate. Il n'est pas anodin de préciser que, dans sa « maïeutique », il était question d'*accoucher les âmes* par ce type de questionnement. Ce faisant, en rendant accessible à la conscience ce qui ne l'était pas avant la question et la réflexion qu'elle a entraînées, il ne me semble pas délirant de considérer qu'il est un pionnier éclairé de la psychologie « moderne ». Certes, vingt-cinq siècles séparent Socrate de Freud, ses adeptes et ses contradicteurs. Pourtant, consciemment ou pas, la psychanalyse et le cognitivisme ne peuvent pas ne pas s'être inspirés de la philosophie de Socrate. Quand on ajoute qu'un de ses préceptes de base était *« Connais-toi toi-même et tu connaîtras l'univers et les dieux! »*, alors on comprend qu'on aurait bien tort de renier cette pratique ancestrale, pierre angulaire de la connaissance de soi.

Le questionnement socratique exige d'écouter très attentivement l'interlocuteur afin de formuler une seconde question qui permette d'approfondir l'enquête introspective. On comprend mieux pourquoi il n'est pas facile de faire cette enquête psychique tout(e) seul(e), quand on sait comment le limbique résiste à la clarification mentale.

– Qu'est-ce qui vous redoutez dans le fait d'être en retard ?
– Je ne sais pas. Je n'aime pas ça.
– Et, s'il vous arrivait de l'être, que croyez-vous qu'il se passerait de grave ?
– Je préfère ne pas l'imaginer.
…/…

Il faut beaucoup de tact pour ne pas braquer l'interlocuteur qui craint d'affronter sa peur, ne serait-ce que dans le registre de l'imaginaire.

– Me permettez-vous d'insister car, pour faire disparaître l'anxiété qui vous fait souffrir, je dois vous faire formuler ce qui vous fait peur ?
– Si vous croyez que ça peut m'aider…
– Merci. Je vous propose donc quelque chose de pas agréable, c'est-à-dire d'imaginer ce que vous redoutez. Alors, si vous êtes en retard au travail, que croyez-vous qu'il va se passer ?
– Ben quand on est en retard, on peut se faire virer.
…/…

Voilà enfin l'objet de la peur. Il vient assez rapidement avec tact et persévérance. À partir de là, un travail cognitif va pouvoir commencer. Ce travail analytique et qualitatif sur les pensées, il a en fait déjà commencé mais il n'en est qu'à un stade superficiel. Car **une peur peut en cacher une autre.**

• Explorer mentalement les ramifications de la peur

Le deuxième type de pensée que la peur inhibe, c'est la conscience des véritables enjeux de la situation qui fait peur. On ne voit ni très loin ni très large quand on a peur. Le champ de perception est fermé par le vécu « insécure » et les symptômes de l'émotion. Pour sortir de ce piège, il faut considérer avec curiosité les enjeux et notamment les conséquences probables de l'action supposée.

L'objet de la peur tel qu'il a été identifié de prime abord mériterait d'être exploré plus profondément. Cette démarche n'est pas obligatoire pour calmer rapidement la peur de quelqu'un. Mais elle permet plus sûrement qu'elle ne revienne pas plus tard. Elle s'inscrit dans la perspective d'un développement durable. Ce « forage » est délicat et redouté. On l'appelle la flèche descendante et elle est à l'opposé des approches positivistes. L'idée est d'envisager le pire et de se calmer sur le scénario catastrophe.

LA FLÈCHE DESCENDANTE

Dans la dramatisation spontanée, la personne anxieuse crée d'elle-même un scénario catastrophe. Hélas, il est rarement très conscient. Alors l'idée est de descendre bas (ou profond) dans l'inquiétude, de rendre consciente la dramatisation et d'en mesurer rationnellement le réalisme et la gravité. Un peu comme quand on doit descendre au fond de la piscine, pour avoir enfin les pieds en contact avec ce fond sur lequel on va pouvoir donner la poussée qui permet de remonter.

Bien que cette plongée soit abstraite, mentale, elle n'en est pas moins redoutée. La peur de descendre peut cacher la peur de ne pas pouvoir remonter. Certaines approches thérapeutiques refusent ce principe d'exploration lui préférant de rassurantes visualisations ou programmations positives.

Il est vrai que les techniques de visualisation du succès peuvent apporter un dynamisme et une énergie qui tirent vers le haut. Mais lorsque la peur de l'échec est forte, les bienfaits de la séance s'amenuisent rapidement et la peur revient comme ce naturel dont nous redoutons le galop.

Je regrette qu'on ne nous apprenne pas à échouer, très tôt dans nos apprentissages. Toute acquisition s'appuie pourtant sur une multitude de tâtonnements, d'essais, d'erreurs qu'il faut valoriser comme les premières marches chaotiques de l'apprentissage. L'encouragement doit se faire dans la banalisation de l'échec et la recherche patiente et déterminée de la réussite.

Mais le positivisme ambiant ne donne pas d'autre choix que de réussir. Alors on passe du temps à se rassurer les uns les autres pour se convaincre que tout va bien se passer. Toutefois ce placebo ne marche pas bien longtemps. C'est du Mercurochrome sur une jambe de bois. Dans cette bienveillante et maladroite manipulation mentale, on ne fait qu'enfouir provisoirement la peur. Elle ressurgira.

Les psychothérapeutes débutants partagent cette peur de ne pas remonter ensemble. Lors de mes premières expériences de flèche descendante, j'ai connu cette peur. Un sens aigu de la responsabilité et une forte empathie conduisent naturellement à l'éprouver. Puis avec la pratique vient l'assurance que procurent les premiers constats. La peur qu'éprouvent les autres ne m'effraie plus. Après quinze ans d'expérience psychothérapeutique, je constate que faire l'effort d'envisager le pire est profondément apaisant, que la personne « remonte » avec une force considérable.

Celui qui se relève est plus fort que celui qui n'est jamais tombé.

Cette belle phrase ne nous condamne pas à échouer véritablement pour grandir. Elle est aussi véritable sur le plan comportemental que sur le plan cognitif. L'expérience de la flèche descendante montre qu'il suffit d'oser imaginer l'échec pour en avoir moins peur.

– *Ben quand on est en retard, on peut se faire virer.*

– *Et si vous perdez votre emploi, que se passera-t-il ?*

– *Quelle horreur !*

– *Quelle horreur vivrez-vous si vous êtes viré ?*

– *Je vais déprimer, c'est sûr.*

– *Et si vous êtes déprimé, quel problème cela vous posera-t-il ?*

– *Je vais être malheureux et je serai dans un tel état que je ne trouverai pas de boulot.*

– *Et si vous n'en trouvez pas, qu'y a-t-il à redouter ?*

– *Je ne sais pas. J'irai coucher sous les ponts.*

…/…

On pourrait penser à ce stade que la personne se sent très mal dans ce scénario catastrophe imaginaire. Cela arrive en effet mais c'est pourtant rarement le cas. Le plus souvent à ce stade de l'exploration, la personne commence à sourire, voire à rire de cet improbable qu'elle décrit. D'elle-même, elle a amorcé le travail de clarification mentale.

LA CLARIFICATION MENTALE

Que la personne ait ou non amorcé le travail, il est souvent nécessaire d'approfondir cette clarification mentale. Il s'agit de ce qu'on appelle le travail cognitif.

Parmi les TCC (thérapies cognitives et comportementales), il est une version qui a beaucoup emprunté aux neurosciences. Parmi les techniques cognitives de la TNCC [11], le docteur Fradin propose de pratiquer la Gestion des Modes Mentaux. La GMM® consiste à faire basculer la conscience du mode limbique au mode néocortical. Cette technique s'appuie sur les six couples de caractéristiques limbiques et néocorticales. Les voici :

[11] La Thérapie NeuroCognitive et Comportementale (TNCC) a été créée par le Dr Fradin qui dirige l'Institut de médecine environnementale à Paris. Voir la bibliographie pour en savoir plus.

Mode limbique	Mode néocortical
Rigidité	Souplesse
Irrationalité	Logique
Grégarité	Individuation
Insécurité	Curiosité
Dichotomie	Nuances
Évidence	Relativité

Quand on a peur, nos pensées ont toujours des caractéristiques limbiques. Souvent, elles ont les six.

1 • Si l'une de vos pensées est rigide, la GMM vous propose d'en prendre conscience et de l'assouplir.
2 • Si votre pensée est irrationnelle, il vous est suggéré de la remettre en question et d'introduire un peu de logique dans cette évocation arbitraire.
3 • Si vous sentez une forte préoccupation grégaire (c'est-à-dire une inquiétude quant à ce que les autres vont penser de vous), alors essayez d'imaginer comment pourrait évoluer votre perception en vous individualisant.
4 • Cette caractéristique est quasiment synonyme de peur. Sur le mode limbique, la nouveauté est

inquiétante. La GMM propose d'oser concevoir mentalement des alternatives, tel(le) un(e) aventurier(-ère) de la pensée, curieux(-se) de tout.

5 • Si vous constatez que votre perception est simpliste, binaire, envisagez d'en concevoir une plus nuancée, qui tiendrait davantage compte de la complexité de la situation.

6 • Si vous sentez qu'un argument tombe comme une évidence, consentez à vérifier que vous ne confondez pas intuition brillante et paresse de l'automatisme. Une conscience de la relativité peut vous amener à le remodeler plus intelligemment.

Voilà donc les six pistes génériques de clarification mentale pour se calmer quel que soit le sujet stressant. La gestion des modes mentaux est une technique qui mériterait un développement important. Cependant, dans un souci de concision et de pragmatisme, voici les techniques les plus accessibles, les plus utiles pour faire fondre vos peurs.

LA RATIONALISATION

Quand on a peur, les deux principaux axes de rationalisation sont :

1 • la gravité ;
2 • la probabilité.

Ce sujet a été évoqué dans un chapitre précédent. Il y était question de mesurer avec plus de justesse l'effectivité d'un risque. Je rappelle que **Risque = Probabilité x Gravité.**

Il faut donc considérer les deux et se poser quelques bonnes questions.

• *C'EST GRAVE, DOCTEUR?*
C'EST PROBABLE, DOCTEUR?

Qu'on soit ou non toubib, ce n'est pas au soignant ou à l'ami de répondre à cette question. C'est la personne qui a peur qui doit faire l'effort de mesurer les risques véritables, donc les vrais enjeux liés à son anxiété. Qu'elle procède seule ou accompagnée dans cette démarche de rationalisation, le procédé est toujours simple en théorie : le questionnement socratique.

Que l'on soit seul ou accompagné, il est très important de prendre des notes de ce que dit la personne qui a peur. Tout ce qu'elle a dit lors de la séance de flèche descendante doit être repris et passé au travers du filtre de l'esprit critique de la personne. Ces pensées exprimées sont le matériau de base à partir duquel on va aider la personne à modifier ses pensées irrationnelles et effrayantes.

Tout(e) seul(e), cela signifie que l'on doit poser par écrit les pensées stressantes, les peurs en cascade.

Reprenons donc point par point les peurs exprimées avec cette personne qui craint très fort d'arriver en retard au travail.

– *Vous m'avez dit que si vous arriviez en retard, on pourrait vous virer. Est-ce que c'est comme ça que ça se passe dans votre entreprise ?*

– *Je suppose, oui.*

– *Vous avez des exemples ?*

– *Heu, attendez ! Oui, je crois que j'en ai un. Il y a quelques années, Martin a été viré parce qu'il était souvent en retard je crois.*

– *Souvent vous dites ? Et vous, vous êtes déjà arrivé en retard ?*

– *Jamais Monsieur, vous m'entendez ? Jamais !*

– *Donc si vous êtes en retard demain matin pour la première fois, que se passera-t-il ?*

– *Ben, peut-être que j'aurai une mise à pied de trois jours.*

– C'est déjà mieux que d'être viré. Êtes-vous sûr que si vous êtes en retard demain matin, vous serez mis à pied pendant trois jours ?

– Euh non, je n'en suis pas très sûr.

Quand une personne a peur, elle est toujours très mal informée. Il est fréquent qu'en intensité la peur soit proportionnelle à l'ignorance du sujet qui fait peur. « Je suppose, je crois, il paraît… » La personne débite quelques croyances, elle se noie dans des vieux clichés irrationnels qui nourrissent sa peur depuis des années.

Alors le traitement de la peur passe aussi par une démarche d'information. Ces clichés sont forcément limbiques donc très binaires. Le travail peut amener à nuancer la perception. La personne sera peut-être surprise de considérer… :

- qu'un retard de cinq minutes n'a pas les mêmes conséquences qu'un retard d'une heure ;
- qu'informer de son retard en passant un coup de fil permet souvent d'avoir l'indulgence de sa hiérarchie ;
- qu'en général, on ne sanctionne que les récidivistes ;
- qu'un retard à l'arrivée peut parfois être compensé par un retard à la sortie ou par le fait d'arriver plus tôt le lendemain ;

- qu'il y a dans le droit du travail des clauses précises qui définissent la progressivité des sanctions liées aux retards ;
- etc.

La personne en question a un hypo, donc une vision très simpliste du sujet qu'elle craint.

– Quelle est la probabilité que vous perdiez votre emploi en arrivant en retard ?

– Hé bien, faible apparemment d'après ce que vous me dites.

– Renseignez-vous mais je crois bien que cette probabilité est nulle. Mais imaginons quand même que vous perdiez votre emploi, en quoi serait-ce grave ?

– Mais vous ne vous rendez pas compte ? Trouver un travail maintenant c'est très difficile.

– Certaines personnes ont en effet beaucoup de difficultés. Et vous, quelles sont vos chances de retrouver un emploi ?

– Je ne sais pas. J'aimerais bien rester dans mon entreprise jusqu'à la retraite.

– Je vous le souhaite si c'est ce que vous voulez. Mais si vous deviez chercher un emploi, quels seraient vos atouts ? Et le marché de l'emploi est-il en demande de votre expérience et vos compétences ?

– Ben, mon patron est content de moi. Mais je ne sais pas si d'autres patrons voudraient de moi ?

Là encore, l'ignorance règne. La personne est incapable de mesurer son employabilité. Elle ne peut donc pas estimer le risque avec des données fiables. Ce flou est recyclé par le limbique qui remplace le vide par des croyances.

Cet exemple est tiré d'une histoire vraie comme il arrive souvent aux psys d'en écouter en séance. Ce monsieur en l'occurrence ne dormait quasiment pas les nuits du dimanche au lundi par peur d'arriver en retard, étant seul manager sur le poste. Malgré une dose conséquente de somnifère, cela faisait une dizaine d'années qu'il ne pouvait trouver le sommeil par peur de ne pas se réveiller. En séance, seulement une demi-heure de travail fut nécessaire pour qu'il accouche de ses pensées limbiques et en adopte d'autres plus rationnelles. Cet exemple est plus spectaculaire que d'autres. En général, les peurs ancrées et récurrentes ne cèdent pas en 30 minutes. Mais cette fois, dès le dimanche suivant, il retrouva durablement le sommeil et n'arriva pas en retard dans les temps qui suivirent.

Avec un bon travail cognitif de rationalisation, les peurs les plus banales lâchent en quelques minutes. Mais souvent, pour que l'apaisement persiste dans le temps, il faut faire un travail plus profond. Le limbique stocke des schémas de pensée rigides vieux de plusieurs décennies à l'âge adulte. Alors même si certaines prises de conscience sont des événements chocs et salutaires, la plupart de ces mouvements de conscience nécessitent d'être considérées à nouveau en empruntant à nouveau un itinéraire mental de la rationalisation.

Pour faire diminuer sensiblement une peur, on peut s'en tenir à un ou deux niveaux de peur. En thérapie, on creuse plus profond pour asseoir une quiétude plus stable.

Un jeune a peur d'échouer à un examen. S'il parvient à identifier qu'il dramatise la perspective de redoubler et s'il arrive aussi à relativiser l'importance de cet éventuel redoublement, alors il ira à son examen plus calme. Dans cet état, sans la peur au ventre, il pourra donner le meilleur de lui-même. Avec le trouillomètre à zéro, il n'eût été face à sa feuille que l'ombre de lui-même.

Et puis, pour tenter d'objectiver la conscience des enjeux et du risque, il est important de considérer certes les conséquences négatives, mais aussi les conséquences positives. Vous avez sûrement déjà vécu un « problème » qui s'est avéré avec le temps une fabuleuse opportunité de grandir. L'inconnu recèle des potentialités que l'on ne découvre parfois que dans l'adversité. Un mal pour un bien ?

LA RELATIVISATION

« C'est comme ça et puis c'est tout ! »

Rigidité et certitude sont communes dans les pensées liées au stress. La peur n'en a pas le monopole ; colère et tristesse sont aussi plombées par ce même diktat des croyances qui tombent sous le couperet de l'évidence.

L'intuition et l'expérience nous suggèrent pourtant de prendre du recul, de la distance. Dans la peur, le drame imaginé n'est presque jamais le fruit de la réalité. On a le nez sur le guidon. Alors prenons de la distance.

Le limbique nous impose un rapport au temps très limité. Alors voici une bonne question à se poser quand on a peur : « Quelle importance accorderai-je aux conséquences demain, dans un mois, un an, dix ans ? » Cette question fait souvent bien décrocher de la vision urgentiste et effrayante.

Un autre classique qui fonctionne très bien aussi : « Si un ami était dans ma situation, que lui conseillerais-je ? » Le résultat de cette question est souvent assez spectaculaire. Essayez-le ! Avec quelques variantes : comment les autres réagissent-ils à ma place ? En sortent-ils affaiblis, renforcés ? Qu'est-ce qui me fait croire que j'ai moins de ressources qu'eux ?

LA CURIOSITÉ

Si ma peur repose sur une ignorance, que puis-je faire pour m'informer et savoir? La curiosité peut se manifester avec l'esprit ou avec le corps. Se renseigner implique un peu les deux. C'est à la fois une démarche active et concrète qui nécessite d'aller chercher la source d'information ; il faut se bouger. Et c'est aussi une attitude réceptive et abstraite dans laquelle on décide de se rendre perméable à une influence qui sort de notre système de pensée.

Le partage avec des gens qui ne pensent pas comme nous est une de ces sources précieuses.

Pour remplacer le conservatisme par la curiosité, il faut s'informer ou/et agir. Dans les deux cas, il y a en amont une décision à prendre.

Décider

Pour pouvoir prendre une bonne décision, l'usage du néocortex est fortement recommandé. Après avoir mis sur la balance l'ensemble de ce qui a du poids, il faut formuler un choix et s'engager. Après avoir exploré les enjeux de la peur, il n'est pas rare qu'on tergiverse pourtant bien après avoir acquis la certitude qu'il est raisonnable et pertinent d'oser braver la peur. Mais… « Je sais bien mais… »

La décision est une étape délicate et importante dans le processus de libération. La résistance peut se manifester aussi à cette étape-là. En général, plus le temps passe avant la prise de décision, plus le stress augmente. Souvent, il cesse presque immédiatement quand la décision est enfin prise. Si la décision est vraiment le fruit d'une réflexion néocorticale, elle est profondément apaisante, qu'on ait décidé d'oser braver la peur ou bien pas.

Définir un plan d'action

Parmi ceux qui osent affronter leur peur, il y a les « fonceurs ». Je ne parle pas forcément de ces fous qui ne connaissent pas la peur mais de ceux qui foncent malgré leur peur. Ceux-là ont en général une certaine expérience de l'audace. Ces expériences leur ont souvent permis de prendre confiance dans leurs aptitudes à braver la peur. Cependant, beaucoup parmi eux tentent de passer en force avec ces idées : « ça passe ou ça casse » et « quand on veut, on peut ». Il va de soi que cette approche kamikaze de la peur augmente le danger. Et puis pour les moins audacieux, il y a aussi cette idée que « plus vite ce sera fait, plus vite je serai débarrassé(e) ». Dans les deux cas, il y a une action précipitée et donc un manque important de préparation. Mais à la limite, pourquoi pas ?

Pourtant, mon expérience de psychothérapeute m'amène à considérer des « terrains » fragiles, des êtres fragilisés pour qui affronter une peur n'est ni un jeu ni une simple épreuve de la vie. Pour ces personnes-là (nombreuses, somme toute), le « ça passe ou ça casse » est un pari plus qu'audacieux, il est parfois gravement dangereux et irresponsable. Il faut s'interroger sur le sens de « ça casse ». En cas de casse, les conséquences dépassent largement l'enjeu ponctuel de la peur. Si l'affrontement se passe mal, l'expérience renforce le conditionnement anxiogène. De cette expérience audacieuse et traumatisante, le limbique ressort avec des raisons supplémentaires d'éviter. Est-il besoin d'en rajouter une couche? Il est donc particulièrement important de préparer l'action et d'être stratège.

Les stratégies d'affrontement se résument en une approche qui s'inspire largement des lois de l'apprivoisement. Ces lois sont merveilleusement décrites avec poésie dans un chapitre du *Petit Prince*. La rencontre de cet attendrissant petit bonhomme avec le renard est un chef-d'œuvre de communication. Antoine de Saint-Exupéry fait dire au renard ce dont il a besoin pour se laisser apprivoiser.

Le comportementalisme ne fait que reproduire méthodiquement ces règles simples. La confiance se nourrit d'écoute, de bienveillance, de patience, de progressivité. La politique des petits pas permet de prendre confiance en son pas. On amadoue le limbique. Ce premier pas vers l'inconnu doit être petit parce qu'il permet de faire le constat qu'il ne se passe pas ce que l'on craignait. Ce démenti des croyances rend possible un second pas. Ce pas de confirmation doit être à peine moins petit que le premier. Mais l'assurance qu'il donne rend possible un troisième pas puis un suivant…

Quand l'action est possible seul(e), tant mieux ! C'est que la peur est gérable de façon autonome. Mais parfois il faut faire appel à une aide extérieure. Voici comment un professionnel s'y prend pour préparer et accompagner l'exposition.

• L'exposition thérapeutique

On emploie parfois les termes d'*affrontement* ou de *confrontation* pour nommer l'acte qui consiste à faire *front*, à faire face à ce qui nous fait peur. Le terme d'*exposition* est souvent préféré car moins guerrier, donc plus rassurant.

ÉLABORER UNE LISTE DE DÉFIS PROGRESSIFS

L'exposition à la situation anxiogène se prépare en dressant une liste aussi longue que possible de ce que la personne peureuse ne peut pas faire. Ensuite, chaque élément de la liste est quantifié de sorte qu'on puisse hiérarchiser l'ensemble et obtenir un crescendo d'exposition.

Si par exemple la personne veut vaincre un vertige excessif, voici à quoi peut ressembler la liste des défis qu'elle se propose de relever de façon progressive :

Situations effrayantes	Peur cotée de 0 à 10
Me tenir debout sur une chaise	2
Me tenir debout sur une table	3
Monter sur une échelle	5
Regarder en bas depuis mon balcon (2e étage)	6
Faire une via ferrata	8
Faire de l'escalade	9
Me rapprocher d'un précipice	10

À titre indicatif, cette liste n'est pas très longue. En général, on est plus exhaustif. Et puis chaque élément de la liste devra être décomposé en plusieurs étapes cotées de la même manière. L'échelle est un exemple facile pour illustrer le crescendo. L'idée est simple et logique : monter sur le premier échelon, puis le deuxième, puis le troisième, etc. Pour le balcon du deuxième étage, il faut procéder plus subtilement : trouver un balcon au premier étage, s'approcher à cinq mètres, puis quatre, puis trois, puis passer au deuxième étage à cinq mètres, puis quatre, puis trois, etc.

L'EXPOSITION COMPORTEMENTALE

Une fois que le travail cognitif a donné à la personne une motivation pour agir, une fois que la liste des défis est dressée, on va enfin pouvoir agir et braver la peur. En thérapie, l'exposition se fait d'abord accompagné(e), puis seul(e). Dans un premier temps le thérapeute aide à réaliser les objectifs progressivement.

Le temps d'exposition est variable. Mais à moins de trente minutes d'exposition par séance, le déconditionnement est peu efficace.

Il va de soi que les conditions de sécurité doivent être optimales. On aura vérifié ensemble la fiabilité du matériel, par exemple. La sécurité objective est de mise certes, mais la sécurité affective doit l'être aussi. Une relation de confiance est essentielle pour faire du bon travail.

Pour les peurs sociales, on procède souvent par jeux de rôle. La personne incarne un personnage qui n'a pas peur, qui n'a pas le blocage dont on veut se libérer. Le thérapeute parfois donne la réplique en jouant le rôle d'un interlocuteur. Fréquemment, on théâtralise avec l'idée inhabituelle que l'habit fait le moine. En faisant semblant de, et en étant crédible dans le rôle tel un bon acteur, la personne s'expose socialement à sa peur sans que rien de ce qu'elle redoute ne se passe.

Notons que, pour les peurs sociales, l'exposition face à un groupe décuple la puissance des exercices. La thérapie de groupe est recommandée pour ces personnes, en complément d'un travail individuel qui permet d'amorcer la pompe dans le respect de la progressivité.

Si la personne ne sait pas dire non, si elle a peur de s'affirmer dans l'opposition, alors elle va jouer avec sa peur en incarnant un personnage réfractaire. Le verbe « jouer » prend un sens assez riche puisque l'idée est de dédramatiser. D'ailleurs, à l'Institut de médecine environnementale le docteur Fradin a baptisé « Art Dédramatique » (AD®) le comportementalisme appliqué aux hypos. En fait, même en s'exposant à sa peur, il n'est pas rare qu'on s'amuse bien. Plus le comportementalisme est ludique, mieux il fonctionne.

Le rythme d'exposition est le suivant :

1 • la personne s'expose à une situation cotée faiblement ;
2 • son vécu est la gêne ; le stress est nécessaire mais doit être faible ;
3 • sans augmenter la difficulté, on aide la personne à respirer et laisser passer la vague de stress ;
4 • le stress diminue de lui-même au bout de quelques secondes car rien de ce qui est redouté ne se passe ;
5 • la personne atteint le calme dans l'exposition.

Voici le cycle d'une exposition. Il peut durer de quelques secondes à quelques minutes. Une séance est faite de plusieurs cycles. Une fois que la personne parvient à vivre une « petite peur » dans le calme, on augmente la difficulté de l'exercice (on monte dans le crescendo de la liste des défis) et on démarre un second cycle d'exposition.

Plus la personne est craintive, plus les paliers seront lents et nombreux. Selon la personnalité de chacun, le thérapeute régule le rythme d'exposition.

Avant les premières séances comportementales, on fait un peu de pédagogie. On explique comment se passe une exposition. La personne sait à l'avance quels types de sensations elle va avoir. Il est important et paradoxalement rassurant de savoir que le vécu de peur durant l'exposition va systématiquement suivre l'ordre suivant :

1 • augmentation ;
2 • stabilisation ;
3 • diminution.

La pédagogie se prolonge jusqu'à un apprentissage de techniques permettant de faire symptomatiquement diminuer le stress, surtout pendant la première phase. Ce sont des techniques simples de respiration et de relaxation.

Pendant l'exposition, la personne devra consciemment respirer lentement et amplement, c'est-à-dire exactement le contraire de la respiration spontanée quand on a peur (rapide et courte). La respiration est une fonction dans l'organisme qui a une intéressante particularité ; elle peut être volontaire ou involontaire. L'effort de conscience va porter sur une respiration qui apaise. Elle permet de vivre l'exposition dans de meilleures conditions. Bien préparées, les séances peuvent commencer.

Lors des premières séances, le thérapeute est garant des évitements. C'est lui qui fait remarquer quand la personne sort du rôle à contre-emploi qu'il est convenu qu'elle tienne. Il est normal que la personne « décroche » de temps en temps. Tel un metteur en scène, on guide l'acteur pour qu'il reste crédible dans ce rôle de composition.

Dans un travail d'affirmation de soi, on peut par exemple demander à la personne de se tenir bien droite et de regarder dans les yeux. La personne fait l'effort mais, au bout de quelques secondes, elle ne tient pas la posture. Souvent, elle ne s'en rend même pas compte. Alors, tel un tuteur bienveillant, on rappelle gentiment les consignes.

Agir prudemment

Le travail cognitif a précédé le travail comportemental. À un moment donné, l'action est préconisée et décidée. Il arrive pourtant que, devant l'obstacle, la peur fasse reculer encore. Il se peut que le travail cognitif se soit montré insuffisant ; alors il faudra poursuivre ou simplement rappeler ce qui vient d'être oublié au pied du mur.

Mais si la peur persiste au point d'être trop forte pour agir, alors c'est que le crescendo a été mal estimé. Il faut trouver des exercices où le vécu est moins fort.

C'est une recherche créative et pédagogique. Si l'exercice est trop difficile, il faut se creuser la tête pour en trouver un moins difficile. Avec l'expérience, en cherchant, on trouve toujours.

Les exercices accompagnés s'inscrivent dans la progressivité du travail. Pourtant, cette nécessaire dépendance doit peu à peu disparaître. Alors il faut organiser la prise de relais pour permettre l'autonomisation. Autrement dit, dès que cela semble possible, il faut que l'exposition sorte du cabinet du thérapeute. C'est bien joli de pouvoir faire face à une peur dans un contexte sécurisé mais la liberté acquise est plus utile dehors que dedans. Comme un entraînement qui donne confiance, les exercices protégés doivent peu à peu céder la place à l'exposition aux situations de « la vraie vie ».

• Voler de ses propres ailes

Ce qui est sécurisant dans les exercices accompagnés, c'est qu'il n'y a pas d'autre enjeu que de se libérer d'une résistance limbique. Mais, au fur et à mesure que la personne se libère du blocage, il va falloir envisager de prendre d'autres risques et intégrer des enjeux plus ambitieux. On peut nager avec une bouée, c'est bien pour commencer. Mais un jour vient où nager sans bouée c'est mieux. Encore faut-il habilement maîtriser la transition. La première séance sans bouée doit-elle se dérouler dans une rivière avec des remous ? Non bien sûr. Surtout si le nageur a peur.

Le pédagogue et le thérapeute ont en commun de rechercher les conditions qui donnent confiance. D'abord confiance en l'autre et en l'environnement, puis ensuite confiance en soi. Tous deux doivent rechercher les meilleurs compromis entre sécurité et autonomie.

Quand doit-on enlever les petites roues qui stabilisaient le vélo à l'arrière ? Et, si on pense avoir trouvé le bon moment, quelle attitude va-t-il falloir adopter, quel encadrement lors de l'envol ?

Ces images peuvent sembler infantilisantes. Pourtant, l'adulte qui a peur et l'enfant ont en commun une certaine fragilité. Il n'est pas question d'être complice du déni de cette fragilité sous prétexte que la société attende des adultes qu'ils se montrent solides. Nous ne sommes pas des rocs, même si nous dépensons une énergie folle à essayer de le faire croire au quotidien. Puisqu'on a tous au cœur un sparadrap qui se décolle, est-il bien nécessaire de se construire une image plus solide que ce que nous sommes ?

C'est une des raisons qui empêche des milliers de gens d'aller chercher l'aide psychologique dont ils ont besoin. Les troubles physiques ne sont pas vraiment tabous. Quand on a des problèmes cardiaques, on va chez le cardiologue. Mais, quand on a peur, on ne va pas chez le « peurologue » parce qu'on a peur de sa peur et peur du jugement et de la dépendance. « Débrouille-toi tout(e) seul(e) ! », dit la petite voix limbique.

On comprend pourtant assez bien qu'une béquille soit provisoirement nécessaire pour permettre le déplacement de quelqu'un qui s'est cassé la jambe. En évitant de faire porter les efforts sur le membre blessé, on favorise et même on accélère la guérison. Pour autant, on ne va pas garder la béquille toute sa vie. Une certaine logique de soin veut qu'on plâtre, qu'on béquille, qu'on déplâtre puis enfin qu'on débéquille. Pas n'importe quand et pas n'importe comment. Il faut donc être stratège aussi dans les étapes d'autonomisation. On l'avait été pour élaborer une première liste de défis sécurisés. Il va falloir l'être à nouveau en élaborant une seconde liste de défis dont la sécurité sera moindre car la vie n'est pas un long fleuve tranquille.

Cette étape est délicate. Les tâtonnements, les erreurs dans le cabinet du psy sont sans conséquence.

En revanche, dans la vie de tous les jours, les enjeux sont autres et les erreurs se paient cash.

Marcelle a peur d'exprimer ses désirs. Elle dit souvent : « Ça m'est égal, c'est comme vous voulez. » C'est sa manière d'être dans l'évitement de son hypo. Depuis les quelques décennies qu'elle subit ce système rigide, elle a fini par en avoir marre et par considérer l'intérêt de se débarrasser de cet interdit étouffant et castrateur. Après un travail cognitif où elle a trouvé de très bonnes raisons d'oser exprimer ce qu'elle veut, les séances de comportementalisme ont commencé. Marcelle avance bien en cabinet, elle arrive à dire à un interlocuteur fictif « Je préfère, je souhaite, je désire, je veux… » Poursuivant le crescendo des expositions, nous avons même poussé l'exercice jusqu'à exprimer un désir face à quelqu'un que cela contrarie. Marcelle arrive à dire non aussi. Au bout de deux ou trois séances, nous convenons qu'elle va essayer d'exprimer ses désirs dans la vraie vie. Alors nous faisons ensemble une deuxième liste qu'elle va aussi coter en difficulté pour progresser lentement mais sûrement.

Alors nous nous concentrons sur le défi du boulanger. Nous simulons la scène dans le cabinet. D'abord tranquillement sans résistance, puis ensuite nous envisageons des scénarios où le boulanger n'est pas très conciliant. Nous les jouons. Lorsque la peur est

Situations effrayantes	Peur cotée de 0 à 10
Dire au boulanger que je préfère un pain moins cuit	2
Accepter un pain au chocolat quand Sylvie m'en propose un (j'adore les pains au chocolat)	3
Dire ma préférence quand on me demande ce que je veux boire à l'apéritif	3
Me payer une séance de massage	4
Dire non au boucher quand il me dit « Y en a un peu plus, je vous le mets quand même ? »	5
Dire à ma collègue que je ne veux plus prendre mes congés quand ça l'arrange	6
Dire non à ma fille quand elle fait un caprice	6
Dire à mon mari quand je n'ai pas envie de faire l'amour	8
Dire à mon père que je ne veux plus aller chez lui tous les dimanches	9

sociale, il arrive souvent qu'un petit travail de communication soit nécessaire. La peur du conflit se nourrit d'un gros déficit d'apprentissage de gestion de conflit. Alors la thérapie se transforme quelques instants en séance de formation. Quelques bases d'écoute active : on se tait, on écoute, on reformule et on dit ce qu'on a à dire. Il suffit parfois de pas grand-chose pour sécuriser l'exposition en situation réelle. Les expositions plus difficiles seront préparées avec davantage de soin, et des conseils techniques peuvent s'avérer encore plus nécessaires.

Dans les stratégies d'exposition en situation réelle, on réfléchit à tout ce qu'on peut faire pour diminuer la probabilité de réalisation négative et augmenter la probabilité de réalisation positive. L'idée est de cumuler les atouts pour réussir car un échec hors cabinet n'est pas sans conséquences psychologiques et sociales. La « pseudo-vérification » est le fruit limbique d'une expérience d'exposition mal vécue. Elle tend à renforcer le blocage et la peur. C'est pourquoi on doit être très vigilant. C'est pour cette même raison qu'affronter sa peur seul(e) et sans conseils avisés augmente inutilement les risques de pseudo-vérification. Avis aux têtes brûlées…

Puis vient le moment de l'engagement. Il va falloir passer à l'action tout(e) seul(e). Plus personne pour vous guider jusqu'à la prochaine séance. Entre les deux séances, vous avez un défi à relever. Plus de petites roues à l'arrière du vélo. Il va falloir se lancer.

• Gérer les évitements

Les deux partenaires passent un contrat moral. Ce contrat n'est que le témoin du contrat que la personne prend vis-à-vis d'elle-même. Elle sait que son bien-être passe par des expositions répétées et qu'elle ne viendra à bout de sa peur qu'en la bravant un peu chaque jour. « Je sais bien mais… »

Il est extrêmement important de ne pas sous-estimer la résistance au changement que le cerveau limbique tente d'imposer. Malgré l'engagement pris en séance, malgré la motivation parfois intense pour braver la peur, le courageux d'un jour n'est pas toujours le téméraire du lendemain.

Il ne faut pas dramatiser un évitement et se culpabiliser. En revanche, il ne faut pas être dupe du fait que certains empêchements sont le fruit exclusif des tentatives du limbique à ne pas affronter la peur. Le plus classique des alibis d'évitement est « je n'ai pas eu le temps ». Il y en a bien d'autres. Le limbique est très créatif pour justifier les évitements. La mauvaise foi guette.

Un travail cognitif est à nouveau nécessaire pour analyser l'exposition prévue, qu'elle ait été réalisée ou bien évitée. Le thérapeute doit, avec tact, ne faire preuve d'aucune complaisance quant aux dénis d'évitement. Cela ne le rend pas forcément aimable en apparence mais il doit être capable d'endosser ce rôle qui peut sembler ingrat.

Le psychiatre Christophe André précise que *« le principal conseil, c'est surtout de ne jamais obéir à l'angoisse : plus vous fuyez, plus vous la renforcez, et plus elle reviendra forte et violente la fois d'après »*. Il rappelle également que, face à une situation redoutée ou angoissante, *« nous demandons à nos patients de s'arrêter et de lui faire face : ce n'est pas agréable, mais il faut savoir que l'angoisse pendant l'exposition évolue toujours en trois phases : augmentation, stabilisation, diminution* ».

Pour autant, à l'impossible nul n'est tenu. Un évitement hors séance est peut-être un signe que l'exposition a été sous-cotée et qu'il faut diminuer la difficulté ou mieux préparer cette exposition. On a peut-être voulu aller trop vite. Il arrive hélas que ce genre d'erreur amène la personne à ne jamais revenir et donc à interrompre prématurément la thérapie. Soit la personne a eu trop peur, soit elle a honte de son évitement et n'ose plus faire face au thérapeute ou au *coach* avec qui elle a conclu un pacte trop audacieux.

Souvent, la personne a besoin d'être guidée dans les modalités d'exposition en solo. Parmi les règles de base de la préparation, il faut en général définir avec beaucoup de clarté et de précision :

- quoi ?
- où ?
- comment ?
- dans quelle circonstance ?
- et surtout **quand** ?

Sortir l'agenda est parfois l'acte le plus significatif et le plus courageux qui soit. Remettre au lendemain est monnaie courante sur les sujets anxiogènes. On constate que les évitements sont beaucoup moins fréquents quand l'engagement dépasse le cadre de la parole et qu'il s'incarne par un écrit, aussi sommaire semble-t-il qu'un mot griffonné sur une page d'agenda. L'enfer étant effectivement pavé de bonnes intentions, on peut imaginer un paradis où l'on met en concordance nos paroles et nos actes.

Le *coaching* comportemental doit prévoir des « garde-fous » car il est un peu fou de laisser notre limbique nous mener par le bout du nez en nous gardant prisonniers de nos peurs.

Parmi les relais possibles, on peut convenir de faire provisoirement appel à des garants intermédiaires. Ces apprentis coaches peuvent être un ami, un collègue, quiconque avec qui on se sent en confiance. Si cela fait des années que vous aimeriez aller à la piscine régulièrement et que vous reportez toujours pour des raisons que vous savez trompeuses, alors essayez de trouver un ou une partenaire qui fera levier et vous entraînera dans une dynamique qui a du sens pour chacun de vous. N'oublions pas que l'autonomie se construit pas à pas.

Je trouve illusoire et même impossible de ne plus avoir peur de rien. À terme, l'idée est bien de gérer ses peurs seul(e), de choisir en conscience, avec toute son intelligence, celles que l'on décidera de braver et celles que l'on décidera d'éviter. Le limbique n'a pas le monopole de l'évitement. À chacun de s'assurer que, quand nous faisons un choix sécuritaire, les enjeux ont été bien pesés et qu'il y a plus à gagner dans l'évitement que dans l'action courageuse. Il y a aussi du courage et de la sagesse dans un évitement pertinent. Pour le reste… il faut se bouger !

Conclusion

CONCLURE, EST-CE FERMER ? On peut fermer un livre et garder son esprit ouvert. La peur n'incite pas à l'ouverture. Ce petit livre est une grande clef puisqu'il propose d'ouvrir tout ce qui est fermé. Quelle prétention ! À vous de juger. Vous avez la clef, cherchez les serrures ! Sondez votre ouverture, soyez attentif(-ve) à vos fermetures !

Vous sentez-vous assez ouvert(e) pour sentir quand vous êtes fermé(e) ? Je vous laisse vous écouter consciencieusement, silencieusement. Saurez-vous mieux reconnaître vos peurs, les accepter, réfléchir aux enjeux, décider sagement d'oser ou d'éviter ? Et si vous décidez d'oser, saurez-vous agir avec prudence et stratégie ? Le challenge est de taille. Aurez-vous la patience d'avancer pas à pas sans vous faire dangereusement violence ?

Peut-on jouer avec ses peurs ? Si oui, alors vous connaissez les règles du jeu…

À vous de jouer !

Bibliographie

APA (American Psychiatric Association), Guelfi Julien-Daniel (traduction), *Mini DSM-IV-TR: Critères diagnostiques,* Éd. Masson.

André Christophe, *Imparfaits, libres et heureux, pratiques de l'estime de soi*, Éd. Odile Jacob.

Boiron Christian, *La source du bonheur est dans notre cerveau*, Éd. Albin Michel.

Corneau Guy, *Victime des autres, bourreau de soi-même*, Éd.Robert Laffont.

Cyrulnik Boris, *Un merveilleux malheur*, Éd. Odile Jacob.

Cyrulnik Boris, *Les vilains petits canards*, Éd. Odile Jacob.

Ellis Albert, *Dominez votre anxiété avant qu'elle ne vous domine*, Éd. de l'Homme.
Ellis Albert, *Maîtrisez vos émotions*, Éd. Marabout.
Fradin Jacques, Fradin Fanny, *La Thérapie neurocognitive et comportementale (TNCC)*, Éd. EPU.
Fradin Jacques, Fradin Fanny, *Y a-t-il du nouveau dans le changement ?*, Éd. IME.
Fradin Jacques et Fustec Alan, *L'entreprise neuronale*, Éd. d'Organisation.
Fradin Jacques et Le moullec Frédéric, *Manager selon les personnalités*, Éd. d'Organisation.
Fradin Jacques, Fradin Fanny et Magnin Hervé, *Faire face à l'agressivité et la violence*, Éd. IME.
Hirigoyen Marie-France, *Le harcèlement moral, la violence perverse au quotidien*, Éd. Pocket.
Kipling Rudyard, *Chansons de la chambrée*, recueil de poèmes (1892), Éd. Française illustrée.
Laborit Henri, *La nouvelle grille*, Éd. Robert Laffont.
Laborit Henri, *L'éloge de la fuite*, Éd. Robert Laffont.
Laborit Henri, *L'inhibition de l'action*, Éd. Maloine.
Laborit Henri, *La légende des comportements*, Éd. Flammarion.
MacLean Paul et Guyot Roland, *Les trois cerveaux de l'homme*, Éd. Robert Laffont.

Magnin Hervé, *Ces gens qui ont toujours raison, ou comment déjouer les pièges de la mauvaise foi*, Éd. Eyrolles.

Marc Edmond, *Guide pratique des psychothérapies*, Éd. Retz.

Martin Bertrand, Lenhardt Vincent et Jarrosson Bruno, *Oser la confiance, propos sur l'engagement des dirigeants*, Éd. INSEP.

Maslow Abraham Harold, *Vers une psychologie de l'être*, Éd. Fayard.

Rogers Carl Ransom, *Le développement de la personne*, Éd. Dunod.

Steiner Claude, *Le conte chaud et doux des chaudoudoux*, InterEdition.

Skinner Burrhus Frederic, *Pour une science du comportement*, Éd. Knopf.

En savoir plus sur l'auteur

L'auteur du présent ouvrage organise des séminaires de développement personnel en Europe et au Québec. Si vous le souhaitez, vous pouvez le contacter :

- par mail : hervemagnin@wanadoo.fr
- par téléphone : +33 (0)4 79 34 08 36
- sur son site : http://magnin.herve.free.fr

Collection
Le travail autrement

LE TRAVAIL
autrement

L'auteur a recueilli toutes les informations utiles pour détecter ce syndrome complexe et aider victimes et entourage : manifestations cliniques, bilans individuels et tests de prévention sont ici à la disposition de tous ceux qui travaillent bien mais trop, au détriment de leur santé et de leur qualité de vie !

Burn-out :
le détecter et le prévenir
Catherine Vasey
128 pages • Prix : 8,50 € / 16 CHF

Et voilà, elle approche... elle est là avec ses 100% de temps libre! Un changement subit pas toujours facile à gérer! Ce livre vient à point nommé pour faciliter cette transition et aborder votre nouvelle vie avec créativité et positivisme !

Enfin la retraite!
La préparer pour bien la réussir
Sophie Bernard
& Laurence Treille
96 pages • Prix : 7,50 € / 14,50 CHF

Achevé d'imprimer sur rotative
par l'imprimerie Darantiere à Dijon-Quetigny
en février 2008

Dépôt légal : février 2008
N° d'impression : 28-0313

Imprimé en France

Dans le cadre de sa politique de développement durable, l'imprimerie Darantiere a été référencée IMPRIM'VERT® par son organisme consulaire de tutelle. Cette marque garantit que l'imprimeur respecte un cycle complet de récupération et de traçabilité de l'ensemble de ses déchets.